관계를 깨뜨리지 않고

유쾌하게 이기는 법 68

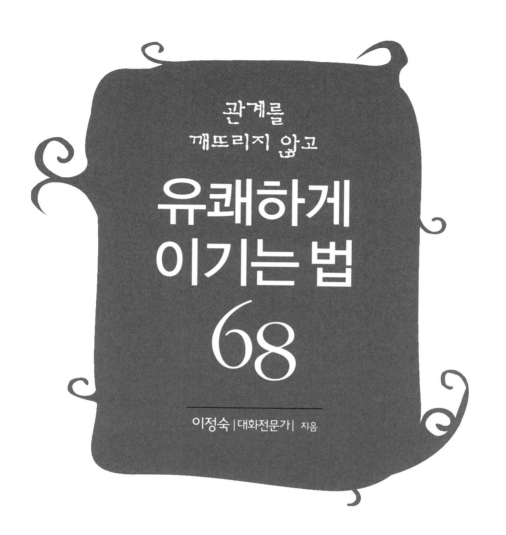

관계를
깨뜨리지 않고

유쾌하게
이기는 법
68

이정숙 |대화전문가| 지음

🌱나무생각

말은 성공을 좌우하는 매직 박스다

　이제, 말이 사람의 행복과 불행, 성공과 실패를 좌우하는 가장 중요한 요소임을 모르는 사람은 없을 것이다. 실제로 말은 단순한 의사 전달 수단을 넘어서, 사람의 감정을 조절해서 인생을 바꾸어버리는 매직 박스다. 말 한마디가 가정과 사회생활의 성패뿐만 아니라 역사를 바꿀 만한 위력을 가졌음을 증명할 수 있는 일들은 많다.

　왕족이 아니었던 로마의 줄리어스 시저는 왕족들의 편견을 뚫고 말로 민중을 사로잡아 로마는 물론 유럽 최고의 통치자가 되었다. 반면 프랑스의 마지막 왕 루이 16세의 왕비인 마리 앙트와네

트는 자기는 온갖 사치를 다 부리면서 허기진 민중들에게는 "빵이 없으면 케이크를 먹으면 될 게 아니냐?"라고 말해, 굶주린 민중들이 삽과 곡괭이를 들고 바스티유 감옥으로 달려가 프랑스 혁명을 성공시키게 만들고 자신은 단두대의 이슬로 사라져야 했다. 중국 진나라 말기의 초패왕 항우는 한신을 무시해 그가 유방 편을 들어 자신을 죽음으로 몰고 가게 함으로써 비참한 최후를 마쳤다.

이처럼 인류 출현 이후 인종과 시대를 초월해 말의 위력이 얼마나 대단한지는 수없이 많이 증명되어왔지만 유독 오늘날, 말에 대한 중요성이 크게 강조되는 이유는 무엇일까? 그것은 현대 사회의 구조적인 특징 때문이다.

현대 사회의 가장 큰 특징은 평등권의 확대다. 평등권은 계층이 달라도 누구나 할 말은 할 수 있는 자유가 주어지는 것으로 나타난다. 그런데 현대 사회는 그 규모가 커져, 직장과 가정 등의 소규모 조직들이 마치 컨베이어 벨트처럼 시스템을 갖추고 조직적으로 구성되어 있다. 그리고 다양한 사람이 모여 있지만 마치 한 사람인 것처럼 움직여야 경쟁력을 갖기 때문에, 나와 전혀 다른 생각을 가진 타인을 포용하고 좋은 인간관계를 유지하지 못하는 사람은 조직 안에서 생존할 수 없게 되었다. 현대인은 하고 싶은 말을 다 할 수 있는 자유를 얻었지만, 더욱 말을 조심해야 하는 모순에 빠지게 된 것이다.

게다가 우리나라 사람들은 계층과 나이의 권위가 강해, 아주 긴 시간 아랫사람은 윗사람의 말이 아무리 모욕적이어도 참도록 교육받아왔다. 그 때문에 윗사람일수록 현대 사회의 조직적인 시스템 안에서 제한받는 말의 자유를 참지 못해 말로 인한 갈등을 더욱 많이 일으킨다. 상사의 부당한 모욕, 소비자의 무례한 항의, 믿었던 사람의 이기적인 언동, 부하 직원의 버릇없는 저항 등에 감정이 시키는 대로 말하고 싶어도 조직 안에서 생존해야 한다는 이유 때문에 후환이 두려워서 하고 싶은 말을 참아야 했고, 거기에서 오는 스트레스에 시달리게 되었다. 그래서 위장병, 불면증 같은 질병에 시달리는 현대인들이 많이 늘어났다. 또 성질대로 속 시원히 대응했다가 인간관계를 해쳐 사회에서 낙오되는 사람들도 나날이 늘고 있다.

최근 말에 대한 책들이 각광을 받고, 말 잘하는 방법을 소개하는 책들이 많아진 것도 그 때문이다. 나 역시 그동안 말 때문에 고민하는 분들을 위해 《돌아서서 후회하지 않는 유쾌한 대화법 78》 등 여러 커뮤니케이션 관련 저서를 내놓았다.

그런데 지금까지의 책들은 상대방에게 상처를 주는 말을 삼가 갈등을 최소화하고, 인간관계를 좋게 하라는 내용에 초점을 맞추었다. 이 책들은 좋은 반응을 얻었고, 독자들이 능동적으로 자신의 문제를 상담해오기 시작했다. 그 결과 최근의 많은 독자들이 "이제 말을 조심해서 남에게 상처를 주지 않는 방법은 어느 정도 터득했다. 그러나 상대방이 내 말을 전혀 다른 의미로 해석하거나, 내 말을 들어주지 않거나 혹은 내 마음을 몰라주고 말로 상처를 줄 때까지 상대방에게 상처를 주지 않고 대응하기는 어렵다."는 이메일과 전화를 주었다.

나는 이제 말의 중요성을 터득한 독자들에게는 '말을 할 때는 항상 상대가 필요하며, 어느 한쪽이 함부로 감정을 드러내면 상대방이 균형을 잃어 갈등이 해소되지 않는다.'는 점을 토대로, 상대방의 특성에 따라 달리 말하고, 상대방에게 상처를 받았을 때 스트레스를 받지 않고, 또 인간관계도 해치지 않도록 대응하는 방법을 제시할 시점이 되었음을 깨달았다. 그래서 《돌아서서 후회하지 않는 유쾌한 대화법 78》의 연장선상에서, 상처를 주는 말에 슬기롭게 대응해 인간관계도 해치지 않고 스트레스도 줄일 수 있는 방법을 제시하는 《관계를 깨뜨리지 않고 유쾌하게 이기는 법 68》을 내놓기로 했다.

물론 이 책은, 사회인이라면 어떤 경우에도 인간관계를 고려해야 하기 때문에 말로 상처를 준 상대방을 한 방에 KO시킬 만한 방법 제시라고는 말할 수 없다. 그런 방법들을 제시하면 속이야 시원하겠지만 갈등을 완전히 해결할 수 없기 때문이다.

말은 양날의 칼이어서 한번 베이면 당한 사람은 반드시 더 큰 상처를 주기 위해 칼을 휘두르게 된다. 따라서 상대방을 말 한마디로 KO시키는 것보다 상대방이 스스로 입을 다물게 하는 처방이 더 유용할 것이다.

따라서 이 책은 상대방이 말로 상처를 줄 경우 스트레스받지 않으면서 동시에 상대방을 모욕하지 않고 대응하는 방법, 상대방이 더 이상 같은 상처를 주지 못하도록 차단하면서도 나에게 원한을 품지 않게 해 실질적인 이익을 가져오는 방법들을 제시하려고 한다. 또한 이 책은 아예 타인이 나를 얕잡아보지 못할 만한 카리스마를 갖는 방법도 제시할 것이다.

그리고 사소한 말싸움이 인생을 불행의 늪으로 굴러 떨어지게 할 수 있는, 현대인들이 불가피하게 벌이는 말싸움부터 성격이나 입장 처지에 따라 말의 내용이 왜곡돼 벌어지는 갖가지 갈등에 이르기까지, 후유증을 남기지 않고 스트레스도 받지 않으면서 유쾌하게 이기는 방법을 제시함으로써 독자들이 인생의 행복과 사회생활의 성공이라는 두 마리 토끼를 잡도록 인도할 것이다.

이 책의 1장은 〈타인을 이기는 법〉이다.

이 장에서는 성격 차로 인해 말의 의미가 왜곡되고 싸움으로 번지는 것을 해결하는 방법을 제시한다.

2장은 〈상황을 이기는 법〉이다.

이 장에서는 상황에 따라 말로 인해 시비가 일어났을 때 스트레스받지 않고 해결하는 방법을 소개한다.

3장은 〈자기 자신을 이기는 법〉이다.

이 장에서는 자신의 타성을 극복하고 타인의 독설마저 너그럽게 포용할 수 있는 마음을 갖는 방법을 제시한다.

각 방법은 《돌아서서 후회하지 않는 유쾌한 대화법 78》처럼 상황별로 필요한 내용만 보아도 되도록 간략하게 써 실생활에 쉽게 응용할 수 있도록 했다.

이 책은 어떤 유형의 인간이, 어떤 말로, 그 어떤 갈등을 일으키더라도 스트레스받지 않고 후유증 없이 이기는 방법을 제시해, 인간관계를 해치지 않고도 갈등을 해소하는 방법을 찾고 싶은 분들에게 유쾌한 해답을 제시해줄 것이다.

2005년 5월

이정숙

Contents

Contents

Contents

2장 상황을 이기는 법

Contents

Contents

3장 자기 자신을 이기는 법

4장 항상 이길 수 있는 힘을 기르는 법칙 12

1장

타인을 이기는 법

1
고집불통 이기는 법

    한번 믿으면 팥으로 메주를 쑨다는 명백하게 틀린 말도 절대 굽히지 않는 사람들이 있다. 이들은 자기가 한번 내세운 주장은 절대 거둬들이지 않는 것은 물론, 타협 자체를 비겁한 짓이라고 믿는다. 이들은 고집의 챔피언들이다. 따라서 아마추어인 당신이 고집을 내세워 그의 주장을 꺾으려고 하거나, 정면으로 반박하면 절대 이길 수 없다.

    그러므로 고집불통 상사, 바이어, 부모님 등의 말도 안 되는 고집에는 변명이나 논리적인 설명으로 맞서지 말고 무조건 "맞습니다!" "그렇지요!"라고 맞장구를 쳐주어 일단 고집을 누그러뜨리는 것이 현명하다. 자존심이 강한 당신은 "어떻게 그런 말도 안 되는 소리를 듣고 있어요?"라고 반박하고 싶겠지만, 상대를 진짜로 이기려면 때로 물러설 줄도 알아야 한다.

고집불통은 "내가 고집이라도 있어서 이 정도를 이룬 것이지."라는 강한 신념을 가진 사람들이다. 그들은 대체로 외길 인생을 살아왔거나, 어떤 분야의 공부를 깊이 있게 했거나, 자수성가한 사람이기 때문에 자신의 고집을 문제로 보지 않고 오히려 자랑거리로 생각한다. 그래서 자신의 고집을 비난하는 그 어떠한 말도 통하지 않게 되어 있다. 따라서 그가 고집 때문에 당신의 일을 방해하거나, 말을 함부로 하거나, 말로 상처를 주어도 일단은 비켜서야 진짜로 이길 수 있다.

이들은 고집에 있어서는 프로급이기 때문에, 당신이 그보다 더 센 고집쟁이가 아닌 한 그의 고집을 꺾을 수 없지만 그 대신 성격은 대체로 단순하다. 상대방이 '나는 당신의 고집을 꺾을 생각이 없다.'는 메시지만 전하면 의외로 쉽게 고집을 누그러뜨린다. 그래서 상대방의 주장을 잘 받아들인다. 그러나 고집이 누그러진 다음에도 논리나 변명을 앞세우면 다시 고집이 살아난다. 따라서 고집불통을 이기려면 감성적으로 용건만 간단히 말하는 것이 좋다. 고집불통 교수님께 성적 문제를 따져야 하거나, 고집불통 상사에게 그가 반대하는 프로젝트에 대한 결재를 받아야 할 때 〈이솝우화〉에서 나그네의 옷을 벗긴 것은 강한 바람이 아닌 따뜻한 햇빛이었음을 기억하면 마음이 편해질 것이다.

결혼 10년 차인 민화영 씨는 남편의 고집 때문에 하루에도 몇 번씩 '같이 살아? 그만 살아?'를 고민해왔다고 한다. 그녀의 남편은 자기가 한번 옳다고 여기면 절대 물러서지 않았다. 밖에서 시계를 잃어버리고 와서도 자기는 절대 밖에 나가서 시계를 풀지 않는다며 집 안을 발칵 뒤집어놓기 일쑤였다. 그럴 때마다 그녀는 황당하고 분해서 발을 동동 구르며 소리를 질러댔지만 단 한 번도 남편의 고집을 꺾지 못하고 번번이 제 풀에 꺾여 포기하곤 했다. 그러나 결혼 10년을 넘기면서 져주는 것이 바로 이기는 것임을 깨닫게 되었다.

남편이 시계를 잃어버리고 밖에서 시계를 푼 적이 없다고 주장하면, 사실이 아니라는 것을 뻔히 알면서도 "아마 당신은 그랬을 거야. 그렇지만 나는 집 안에서 시계를 본 적이 없으니까 당신이 찾아봐."라고 말했다. 그러자 남편은 오히려 민망해하며 "내가 혹시 밖에다 풀어놓았나……." 하더라는 것이다.

고집불통을 이기려면 그가 잘못된 주장을 펴도 "당신의 신

념은 훌륭하다. 누구도 그런 신념을 갖기가 어려울 것이다."라고 말해 무장해제부터 시킨 다음 감성에 호소해서 용건을 말해야 통한다. 고집불통은 고집이 센 대신 정직하고 강직해서, 고집으로 맞대응만 하지 않으면 어려운 부탁도 잘 들어준다.

2
권위주의자 이기는 법

권위주의자는 자기보다 권위 있는 사람에게는 비굴하고, 자기보다 권위가 낮은 사람은 잔인하게 짓밟는 특징을 가지고 있다. 그 때문에 많은 사람들이 직장 상사나 납품 등으로 만난 갑과 을의 관계, 관공서 민원실 직원, 집안의 가장 등 자신보다 파워가 센 사람이 권위를 내세워 자존심을 상하게 하면 후환이 두려워 속으로는 이를 갈면서도 참느라고 스트레스가 쌓일 수밖에 없다.

권위주의자로 이름난 히틀러가 가난했던 젊은 시절 세 들어 살던 유태인 주인이 방세를 못 낸다고 내쫓은 상처 때문에 그

집주인보다 높은 권위가 주어지자 유태인 전체를 잔인하게 학살한 것처럼, 그들의 내면을 들여다보면 어린 시절에 권위 때문에 상처를 받은 복수심으로 가득 차 있다.

권위주의자들은 자신이 가진 권위를 최대한 이용해, 자신이 예전에 당한 모욕을 갚아주어야 한다는 생각을 버리지 못한다. 그래서 대부분 자기보다 약한 사람에게 보복을 해야 안전하다고 믿어, 상대방이 약자라고 판단되면 끝없이 괴롭힌다. 그러나 자기보다 높은 권위에는 무조건 복종해야 살아남을 수 있다고 생각해, 자신의 권위보다 더 높은 권위를 내세우면 쉽게 무너진다.

사실 권위주의자들의 내면은 연약하고 감성적이어서 다른 권위에 기대야 안심한다. 그들의 복수심 역시 약자의 방어적 자세에 불과하다. 상대방이 공격하기 전에 방어하자는 심리인 것이다. 또한 이성보다 감성이 강해 중대사도 감성적으로 판단한다. 따라서 권위주의자가 잘못 말할 때 그 앞에서 옳고 그름을 가리는 것은 화약에 기름을 붓는 것과 같다. 그러므로 권위주의자들이 권위를 내세워 당신의 자존심에 상처를 주면, 그의 말이 옳고 그름을 이성적으로 따지지 말고, 그가 가진 권위보다 더 큰 권위를 내세워 은근히 압박하는 것이 더 현명하다.

미국 유학 후 국내 대기업에 취직한 오현수 씨는 모든 제안서를 인터넷으로 낼 수 있는데도 굳이 아침 9시까지 출근하라는 부장의 처사가 이해되지 않았다. 그러나 규칙과 규율을 업무 성과보다 더 중요시하는 부장은, 책상 앞에 앉아만 있어도 좋으니 출퇴근 시간은 반드시 지키라고 고집했다. 오현수 씨는 경우에 따라서는 집에서 밤샘 작업으로 제안서를 만들어 인터넷으로 제출하고 오전에는 잠을 자는 것이 효율적이라고 생각해 부장에게 맞섰지만, 부장은 자신의 권위를 내세워 절대 그것을 받아들이지 않았다. 오현수 씨는 "집에서 일하면 회사에서 하는 것보다 훨씬 더 능률적으로 할 수 있는데, 굳이 그럴 필요가 있습니까?"라며 맞서 부장이 부서 전체를 들볶게 하기도 했다.

　　오현수 씨는 시간이 지나면서 부장과 부딪치면 부딪칠수록 문제가 풀리기는커녕 더 꼬인다는 사실을 깨닫고 방법을 바꾸었다. 은밀하게 출퇴근 시간 엄수 방침이 누구의 생각인지 조사해 그 방침이 상무에게서 나온 것임을 알아냈다.

　　그래서 오현수 씨는 사장의 개인 이메일로 이 문제를 해결해달라는 요청을 했다. 물론 자신이 이메일을 보낸 사실은 비밀에 부쳐줄 것도 부탁했다. 사장은 오현수 씨의 생각이 타당

성이 있다고 보고, 근무 시간을 조절하라는 지시를 내렸다. 사장의 지시가 떨어지자 부장은 순식간에 지금까지의 권위를 거둬들였다.

이처럼 권위주의자는 더 높은 권위에 약하다는 점을 활용해야 이길 수 있다. 당신의 상사나 동료, 교수님 등이 권위주의자라면, 평소 당신 뒤에는 그보다 더 높은 권위가 숨어 있는 것처럼 행동해야 사전에 이들의 괴롭힘을 막을 수 있다. 동료나 비즈니스 파트너 중에 권위주의자가 있으면, 처음부터 그가 두려워하는 더 높은 권위자와 가까운 사이임을 은연중에 보여 권위주의자가 함부로 괴롭힐 수 없는 존재임을 알려두는 것이 좋다.

3
이기주의자 이기는 법

 이기주의자는 자기 이익이 우선이어서 남이야 어떻게 되든 상관없다는 냉정한 사람들이다. 아집도 강해 절대 남의 충고나 지시를 받아들이지 않는다. 또 남을 의식하지 않고 자기 멋대로 행동한다. 자기 주장을 강하게 내세우려면 아는 것이 많아야 하기 때문에, 대체로 공부를 많이 한 지식층에 이기주의자가 많다.

이기주의자는 남에게 돈을 빌려달라거나 도와달라는 부탁을 서슴지 않지만 보답은 하지 않는다. 그리고 자기는 절대 남의 부탁을 들어주지 않는다. 그 때문에 당신이 이기주의자와

비즈니스 관계에 놓이면 항상 손해 본다는 불쾌한 기분에서 벗어나기 힘들 것이다. 그러므로 이기주의자에게는 처음부터 계산적으로 대하는 것이 현명하다.

정이 많은 당신은 매사에 모든 사람과 계산적인 관계를 맺고 싶지는 않을 것이다. 그러나 이기주의자에게 정을 베풀면 씻지 못할 상처를 입게 된다. 따라서 당신이 아무리 정이 많은 사람일지라도 먼저 상대방이 이기주의자인지 아닌지 살펴보고, 그가 이기주의자임이 파악되면 그가 이익을 가져다주는 위치에 있더라도 미련을 버리고 적당한 간격을 두어야 할 것이다.

한 벤처 기업 연구소에 근무하는 김노민 씨는 이기주의자 동료에게 당한 뒤부터 사람에 대한 불신마저 생겼다고 호소한다. 그는 지방 출신이어서 대학 시절부터 자취 생활을 해왔다. 대학 때는 주로 기숙사에서 생활했지만 취업 후부터는 원룸을 얻어 혼자 살고 있다. 김노민 씨는 서울에서 혼자 살기 때문에 동료 직원들의 야근도 기꺼이 대신해주었다. 같은 부서의 최연찬 씨가 자주 자기 대신 야근해달라고 부탁했다. 그는 심지어 자기 형제들의 이삿짐 나르는 일까지도 부탁했다.

그런데 최근 고향에서 고등학교를 졸업한 김노민 씨의 동생이 서울에 있는 대학에 진학해 방 두 칸 있는 집으로 이사를 하게 됐다. 그의 이삿짐은 이삿짐센터에 맡길 정도로 많지는 않았지만, 서울에서 3년이나 살고 보니 혼자 나르기에는 많았다. 그래서 최연찬 씨에게 이삿짐 나르는 것을 도와달라고 부탁했다. 그동안 김노민 씨의 신세를 많이 져온 최연찬 씨로서는 거절할 수 없는 처지였다. 그런데도 그는 무슨 그런 부탁을 하느냐는 표정으로 "뭐? 내가 어떻게 이삿짐을 날라?"라며 볼멘소리로 딱 잘라 거절했다. 김노민 씨는 기가 막혔지만 최연찬 씨의 냉랭한 태도 때문에 더 이상 말을 꺼내지 못했다.

당신이 만약 김노민 씨와 같은 처지에 놓인다면 "내가 전에 야근을 대신해주고 이삿짐도 날라주었잖아." 하면서 계산을 해야 한다. 이기주의자는 계산적인 사람이다. 그래서 당신이 계산을 앞세우면 지금 당장은 당신의 부탁을 거절해도, 빚진 것을 갚아야 할지도 모른다는 생각 때문에 더 이상 당신에게 어려운 부탁은 하지 않을 것이다.

이기주의자에게는 그의 개인적인 부탁은 정중하게 거절하고, 하나의 부탁을 들어주면 나도 다른 부탁을 해서 서로 공평한 관계가 유지되도록 해야 한다. 당신이 만약 부득이하게 이기주의자와 비즈니스가 얽혀 있다면, 절대 정에 호소해서는 안 된다. 이기주의자는 정에 호소하면 할수록 더욱 싸늘한 반응을 보이기 때문에 냉정하고 객관적인 증빙 자료를 준비해 설득해야 통한다. 말의 내용도 그에게 어떤 이익이 돌아갈 것인지에 초점을 맞추는 것이 좋다.

이기주의자들은 자기 이익에 부합하지 않으면 언제든지 약속을 바꾸고, 계약서를 쓰고 도장을 찍은 다음에도 배 째라는 식으로 나오기 때문에, 계약 내용이 이행될 때까지 절대 권리를 다 넘겨주지 말고 정확한 계산 하에 넘겨주어야 손해를 보지 않는다.

4

안하무인 이기는 법

 주변 사람들을 무시하고 제멋대로 행동하는 사람을 '안하무인' 이라고 한다. 이들에게는 타인의 처지나 입장 같은 것은 안중에도 없다. 그래서 서슴지 않고 아무에게나 공개적인 모욕을 준다. 이들은 상대방의 아픈 곳을 대수롭지 않게 찔러대기 때문에, 같이 생활하면 '참고 듣자니 기분이 나쁘고, 맞받자니 치사한 것 같고, 못 들은 척하자니 불쾌한' 심리적 갈등에서 벗어나기 힘들다. 그런데도 대부분의 사람들은 안하무인인 사람이 모욕을 주면 "뭐가 무서워서 피하나? 더러워서 피하지……."

라며 피하는 게 상책이라고 생각한다. 하지만 마음으로부터 안하무인인 사람의 모욕이 용서되는 것은 아니어서 속으로는 그를 미워하며 괴로워한다.

안하무인인 남자 동기생에게 시달려온 최인영 씨는 더 이상 그를 보지 않는 곳에서 살고 싶다고 말한다. 하루는 퇴근 후 중요한 모임이 있어서 새 옷에 최신 스타일의 스카프를 두르고 출근했다가 그에게 공개적인 조롱을 당했다. 회사 현관에서 만난 그가 그녀의 길게 늘어뜨린 새 스카프를 툭툭 건드리며 "그 보자기는 뭐냐? 갈 때 뭐 싸가지고 가려고 그렇게 매달고 왔어? 그런데 모양이 왜 그렇게 비비 꼬였냐? 너처럼." 이라고 말한 것이다.

최인영 씨는 한두 번도 아니고 볼 때마다 이런 식으로 모욕을 주는 그의 태도를 더 이상 참을 수가 없었다. 그녀는 이번 기회에 본때를 보여 다시는 그런 모욕을 할 수 없도록 하고 싶었다. 그래서 "무슨 말을 그렇게 해? 재수 없어, 정말! 저리 안 비켜!"라고 강하게 말했다. 그러나 그는 오히려 재미있어 하는 목소리로 "너야말로 말을 참 예쁘게 하네, 안 그래?" 하며 계속 약을 올렸다.

직장, 모임 등 사람이 많이 모이는 곳에 가면 꼭 이런 안하무인의 사람들이 있다. 이들은 상대방과의 말싸움을 즐기기 때문에 잘못 대응하면 역으로 당하기 쉽다. 안하무인의 사람과 같이 살아야 하거나 비즈니스 관계에 놓이게 되면, 그들의 속성을 파악해야만 스트레스를 받지 않는다.

안하무인인 사람들은 대체로 가정 교육이 부족한 사람들이다. 타인을 배려하는 것은 기본 매너인데, 부모로부터 그것을 배우지 못했기 때문에 자신의 어떤 행동이 타인을 불쾌하게 하는지조차 모른다. 그래서 최인영 씨처럼 안하무인인 사람이 조롱할 때 화를 내며 대응하면, 그들은 농담으로 돌려버린다. 안하무인인 사람은 질서 있고 규범적인 것을 싫어하기 때문에, 정색을 하며 "당신에게서 그런 말을 들으니 매우 기분이 나쁘다."고 감정이 섞이지 않은 낮은 목소리로 말해야 '정말로 화가 난 모양이구나.' 하고 받아들인다.

안하무인인 사람은 회의 같은 공식석상에서도 다른 참석자들의 지위 고하를 막론하고 발언을 독점한다. 마치 자신만이 모든 문제의 해답을 줄 수 있다는 오만한 태도를 보이는 것이다. 자신과 의견이 다르면 무조건 무시하고, 반대를 위한 반대도 일삼는다. 안하무인인 사람은 자기가 최고라는 나르시시즘에 빠진 사람들이어서 억지를 써서라도 최고의 자리에 있어야 안심한다.

그러나 누구에게나 삼손의 머리는 있는 법. 이들에게 당하고 억울해하지만 말고 안하무인인 사람의 가장 큰 약점을 찾아내라. 이들의 약점은, 대부분의 사람들이 이들을 피하기 때문에 상대방이 이성적으로 차갑게 공격하면 쉽게 무너지는 데 있다. 따라서 안하무인인 사람을 이기려면 침착한 날카로움을 보여주어야 한다. 그의 행동에서 느끼는 불쾌감을 낮고 차가운 목소리로, 논리적으로 말하면 상황의 심각성을 읽어 슬그머니 꼬리를 내릴 것이다.

그러나 안하무인인 사람은 자존심이 강하기 때문에, 차갑게 지적하되 자존심만은 짓밟지 말아야 한다. 태도를 바꾸어달라고 요구할 때도, 타인의 강요에 의해서가 아니라 자기 스스로 태도를 바꾼 것으로 느끼도록 "합리적인 사람은 옳고 그른 것을 분명하게 파악할 줄 알 것으로 믿는다."라는 말을 덧붙여 반감을 사지 않아야 완전한 승리를 거둘 수 있다.

5
뒤통수치는 사람 이기는 법

배신은 대개 믿었던 사람에게 당한다. 매우 친절하고 고마운 사람이 자기의 숨겨진 목적을 드러내는 순간이 상대방에게는 배신이 되기 때문이다. 사회 생활을 하면서 친한 사람에게 뒤통수를 맞고 뒤늦게 후회하며 땅을 치지 않으려면, 필요 이상으로 선심을 베푸는 사람에게 자신의 모든 정보를 내주지 말아야 한다.

은행 입사 3년 차인 정경진 씨는 입사 1년 후배인 채영교 씨와 자매처럼 친하게 지냈다. 채영교 씨는 아침마다 정경진 씨의 커피를 준비하고, 야근도 함께 해주는 등 편하게 해주었다. 정경진 씨는 채영교 씨의 친절에 감동받아 그에게 자신의 신상에 관한 내용을 전혀 감추지 않았다.

그런데 최근 신용불량자 속출로 신용 카드 실적이 저조해지자 정경진 씨네 은행에서는 행원들에게 특별 지시를 내렸다. 행원들이 나서서 우량 고객을 대상으로 신용 카드 이용을 권하는 전화 접촉을 하라는 것이다.

채영교 씨는 부서의 총무로 소속 행원들에게 전화할 명단을 나누어주는 임무를 맡았다. 그런데 그녀는 고의적으로 정경진 씨에게는 명단을 주지 않았다. 특별 지시가 해제되자 채영교 씨는 전화 실적이 높아 진급해서 타 부서로 옮겨가고, 정경진 씨는 실적이 가장 나빠 심한 문책을 당했다. 정경진 씨는 뒤늦게 채영교 씨가 다음 진급 예정자인 자신을 선배가 아닌 라이벌로 보고, 특별 지시 기간 동안의 실적이 고가에 크게 반영된다는 공문조차 보여주지 않았다는 사실을 알고는 입을 다물지 못했다.

직장이란 가정이나 학교처럼 정으로 얽힌 조직이 아니다. 직장이야말로 철저한 이익 집단이다. 입사 동기간에도 일정한 경력이 쌓여 진급할 시기가 오면 자리 하나를 두고 치열하게 다투어야 한다. 그 때문에 직장 동료끼리 연애하다가 헤어지

뒤통수 조심해라!!!

거나, 친하게 지내다가 사이가 나빠지면 경쟁이 벌어졌을 때 악용될 수 있다. 그러므로 동료에게 뒤통수를 맞지 않으려면, 친하게 지내더라도 속마음을 털어놓거나 사적인 일과 공적인 일을 혼동해서는 안 된다.

이미 뒤통수를 맞았을 때도 혼자서만 "인간이 어떻게 그럴 수 있어……."라며 땅을 칠 것이 아니라, 당사자를 찾아가 다른 동료들이 보는 곳에서 당당하게 "네가 그럴 줄 몰랐다. 정말 상처 많이 받았다."며 당신의 생각을 말해야 한다. 그래야만 또 다른 사람이 나타나 당신의 뒤통수를 치는 일을 예방할 수 있다.

6

얌체 이기는 법

얌체는 자기 편의를 위해서라면 새치기, 갓길 운전, 끼어들기, 남의 물건 함부로 가져다 쓰기 등의 행동을 서슴지 않는다. 마음이 약해서 이들에게 선심을 베풀기 시작하면 끝없이 더 많은 요구를 해와 나중에는 오히려 당신이 선의를 베푸는 것을 의무처럼 여기게 만든다. 그러므로 얌체들의 요구는 처음부터 단호하게 거절해야 한다.

얼마 전, 작지만 깔끔한 사무실을 얻어 청소년 상담실을 연 김은희 씨에게 뜻하지 않은 손님이 찾아왔다. 대학 때 겨우 얼굴만 알고 지내던 후배 채연임 씨였다. 채연임 씨는 대학 졸업

후 항공사 스튜어디스로 취업을 했었는데 최근에 사표를 내고 서비스 강사가 되었다는 근황을 설명하고 돌아가더니 그 후로 사무실을 자주 들락거렸다. 그리고 스튜어디스 출신 후배 몇 명에게 서비스 강사 교육을 해야 하는데, 마땅한 교육 장소가 없다며 야간에 비는 김은희 씨 사무실 내 상담실을 빌려달라고 했다. 그녀는 김은희 씨가 망설이자, "물건에는 손대지 않고 상담실만 잠깐 사용하다 갈게요. 전기세도 내고 만약 밤에 상담실 사용하실 일이 있으면 미리 스케줄을 조절할게요."라며 생각할 틈을 주지 않고 졸라댔다. 김은희 씨는 마치 무엇에 홀린 것처럼 그 자리에서 사무실 사용을 허락하고 말았다.

그러나 채연임 씨가 상담실을 빌려 쓴 다음날부터 김은희 씨 비서는 밤새 커피가 없어졌다, 방을 너무 많이 어질러놓아서 치우기가 힘들다는 등 불평을 쏟아내기 시작했다. 날이 갈수록 파워포인트와 노트북 같은 주요 사무 집기까지 함부로 꺼내 사용하고는 제자리에 갖다놓지 않아 전 직원들이 이 문제의 해결을 요구했다.

김은희 씨는 하는 수 없이 그녀에게 여러 차례 전화를 했지만 그때마다 번번이 "지금 회의 중인데 좀 있다 전화해드리면 안 될까요?" 하며 급히 끊고는 절대 전화를 해주지 않았다. 김

얌체 진화론

은희 씨는 더 이상 미룰 수 없어 사무실에서 그녀가 올 때까지 기다렸다. 채연임 씨는 그녀를 보자마자 호들갑스럽게 "오늘은 퇴근이 늦으시네요." 하며 그녀의 팔을 잡아끌었다. 김은희 씨는 채연임 씨의 싹싹한 태도 때문에 할 말을 못하고 사무실을 나오고 말았다.

그러나 여전히 문제가 해결되지 않아 직원들은 사무실 열쇠를 빼앗으라는 압력을 넣었다. 김은희 씨는 독하게 마음먹고 채연임 씨를 만나 더 이상 사무실을 빌려줄 수 없다고 말했다. 그러자 채연임 씨는 오히려 "이제 곧 끝나는데 지금 사무실을 못 쓰게 하시면 어떡해요."라고 따졌다. 김은희 씨는 더 이상 물러서면 안 되겠다 싶어 "이제는 할 수 없어. 우리 직원들이 아침마다 사무실 청소하기가 힘들다고 야단이야."라고 단호하게 말하고 사무실 열쇠를 돌려받았다. 그러나 이 일이 있은 후 김은희 씨는, 채연임 씨가 동창들에게 김은희 씨가 직원들에게 휘둘리는 무능한 상담소장이라고 소문을 내 사업에 큰 타격을 입었다.

김은희 씨는 친하지도 않은 후배의 부탁을 들어줄 필요가 없었다. 처음부터 단호하게 "사무실을 내 마음대로 외부인에게 빌려줄 수 없어."라고 못을 박았어야 한다. 마음이 약한 사람들은 분위기에 휩쓸리면 곤란한 부탁을 거절하지 못하고 그 자리에서 요구를 들어주어버린다. 얌체들은 이런 사람들을 노린다. 그러므로 웬만한 부탁은 그 자리에서 수락하지 말고 "직원들과 또는 누군가와 의논해본 후에 대답해주겠다."고 말하는 것이 좋다.

또한 받아들일 수 없는 부탁을 받으면 우물쭈물하지 말고 단호하게 거절해야 한다. 얌체들은 상대방이 약한 모습을 보일 때 더 파렴치한 행동을 하기 때문에, 얌체를 이기려면 당당하고 자신 있는 목소리로 정확하게 거절해야 한다. 당신이 격앙된 목소리나 감정이 실린 목소리로 말하면 얌체들은 적당히 달래면 해결될 문제라고 생각하기 때문이다. 그들의 어떤 방법으로도 통하지 않을 것 같은 간결하고도 단호한 목소리로 "나는 그렇게 할 수 없다."고 말해야 한다.

7

잔소리꾼 이기는 법

잔소리꾼은 상대방이 듣기 싫어하는 줄 뻔히 알면서도 쉬지 않고 잔소리를 해 상대방을 괴롭힌다. 그런데 잔소리는 대개 매우 가까운 관계에 있는 사람들이 한다. 부모가 자녀에게 하는 공부하라는 잔소리나 아내가 남편에게 하는 일찍 귀가하라는 잔소리, 자녀가 부모님께 하는 술 담배를 줄이라는 잔소리 등, 잔소리하는 사람의 입장에서 보면 잔소리는 단지 잔소리라며 무시해버릴 수 없는 애정 어린 충고들이다. 그 때문에 잔소리꾼들은 당신이 잔소리 듣기를 거부하면 자기 자신이 거부당한 것으로 해석한다. 그리고 당신이 노골적으로 피하는 태

도를 보이면, 당신에 대한 애정이 제대로 전달되도록 더 많은 잔소리를 한다.

잔소리는 듣는 사람이 이미 다 알고 있는 문제이거나 받아들이지 않기로 결정된, 그래서 들으나마나 한 내용들이 대부분이다. 그러나 잔소리하는 사람의 입장에서 보면, 당신은 자기 말을 무시하거나 새겨듣지 않기 때문에 반복해서 말해야 간신히 의사 전달이 되는 사람이다. 그래서 당신이 거부하면 할수록 더 심한 잔소리를 하게 되는 것이다.

그러므로 잔소리가 듣기 싫다고 해서 무조건 피하려고만 할 것이 아니라, 열심히 들어주는 척하는 것이 낫다. 끝까지 들을 필요 없이 중간에 질문을 던지면 더 이상 잔소리를 하지 못하게 할 수 있으니 잔소리가 길어질 것을 너무 염려하지 않아도 된다. 잔소리하는 사람은 대개 해결책보다 문제점을 장황하게 늘어놓는 특징을 가지고 있기 때문에, 해결 방법에 대한 질문을 던지면 간단하게 잔소리를 막을 수 있다. 만약 잔소리하는 사람이 "정말 큰일났다. 어떡하면 좋으냐?" 등 걱정을 앞세우면 "당신은 어떻게 하는 것이 좋다고 생각하느냐?"고 되물으면 상대방은 금세 잔소리를 멈출 것이다.

8

말만 앞서고
행동하지 않는 사람 이기는 법

말만 앞서고 행동이 뒤따르지 않는 사람과 같이 살면, 당신이 그 뒤치다꺼리를 도맡을 가능성이 높아 항상 억울하다는 생각이 들 것이다. 그러나 이들의 속성을 파악해 대응책을 세우면 그 때문에 기분을 상하지 않아도 된다. 그 속성은 크게 세 가지로 나누어볼 수 있다.

첫째, 허풍이 센 사람이다. 이들은 야망은 큰데 능력이 부족해 뜻을 이루지 못했거나, 여건이 받쳐주지 않아 야망이 좌절됐지만 현실을 인정하지 못해 허풍을 떤다. 이들은 지갑이 비어 있어도 일단 여러 사람 앞에서 크게 한턱 낸다고 바람을 잡고는 실제로는 언제 그런 말을 했느냐 싶게 슬그머니 넘어가 버린다.

허풍 센 사람들은 자신의 능력과 관계없이 무조건 다 해결할 수 있다고 약속해서 상대방이 기대를 갖도록 하지만, 실제로는 능력이 없기 때문에 아무것도 해결하지 못한다. 그러므로 그들에게는 큰 기대를 할 필요가 없다. 그럼에도 불구하고 그의 도움이 필요한 상황에 처해 있다면, 그의 허풍에 맞장구를 쳐주면 된다. 그의 능력 범위 내에서라면 도움을 줄 것이다.

둘째, 생각나는 대로 말하는 즉흥적인 사람이다. 이 유형은 뭐든지 생각나면 그 즉시 말해야 속이 시원하기 때문에 평소에도 말이 많다. 말이 많다보니 자기가 한 말도 했는지 안 했는지 기억하지 못한다. 또 워낙 즉흥적이어서 어딘가 바쁘게 가다가도 특이하고 재미있는 일을 발견하면 그 일에 빠져버려 중요한 약속조차 잊는다.

이런 유형과 비즈니스를 하려면, 중요한 약속은 후에 다시 재생시킬 수 있는 영상 자료와 문서로 남겨두어야 "그런 약속한 적 없다."며 발뺌하는 것을 막을 수 있다. 그런데 우리나라 사람들은 문서나 증거물을 내밀면 알레르기 반응을 보이기 때문에, 보여줄 때는 최대한 부드럽게 "전에 당신이 한 말을 기록해놓았더니 재미있는 내용을 발견할 수 있었다."는 등의 말로 시작하는 것이 좋다.

셋째, 아는 것은 많은데 게으른 사람이다. 이 유형은 스스로 지식층이라고 믿기 때문에 나서기는 좋아하지만 추진력이 부족하다. 일을 정리하지 못하고 기분 내키는 대로 벌이기만 한다. 자칫하다가는 당신이 그 뒷수습을 감당해야 할지도 모른다. 이들은 또한 책임감이 부족해 자기가 한 말에 책임이 뒤따르면 엉뚱하게 상대방에게 덮어씌운다. 그러므로 이들과는 가급적 중요한 비즈니스는 피하는 것이 좋다. 그러나 절대 피할 수 없는 관계에 놓인 가족, 상사, 동료, 주요 고객이라면 매번 그 뒤치다꺼리를 해줄 것이 아니라, 한 번쯤 일을 완전히 망칠 각오로 절대 그가 책임지지 않으면 안 될 무거운 책임을 안겨주어서 스스로 문제를 해결하도록 하는 것이 좋다.

인테리어 디자이너인 남궁준 씨는 오후 2시에 고객에게 보여주기로 한 벽지를 낮 12시가 되도록 확보하지 못해 속을 태우고 있다. 그는 전날 밤 "걱정 마. 그 벽지는 내가 알아서 구할 테니. 글쎄 나를 믿고 집에 가서 푹 쉬라니까."라고 한 진수영 씨의 말을 믿고 귀가한 자신을 질책했다. 진수영 씨는 창의적이고 아이디어가 많은 대신 지나치게 자유로운 유형이지만,

남궁준 씨는 꼼꼼하고 정확해 상호 보완이 잘 되는 파트너이다. 그러나 남궁준 씨는 진수영 씨의 말만 앞서는 성격 때문에 번번이 곤욕을 치러 파트너 관계를 깰 것을 심각하게 고려 중이다.

남궁준 씨의 경우 진수영 씨와 헤어지는 것보다는 그의 장점을 살려 사업을 성공시키는 것이 더 낫다. 그러려면 한 번쯤 일을 그르칠 각오로, 진수영 씨에게 벽지 선택만 맡기지 말고 벽지 선택과 동시에 고객 미팅도 맡겨야 한다. 진수영 씨가 벽지를 준비하지 못한 책임을 고객에게 직접 추궁당하거나 아니면 타고난 말솜씨로 고객을 설득해 문제를 해결하도록, 남궁준 씨는 나서지 말고 진수영 씨가 알아서 해결하도록 해야 한다. 학교에서도 문제아에게 반장을 시키면 일을 더 잘 하듯, 회사에서도 망칠 각오로 중요 프로젝트를 책임지게 하면 말만 앞세울 수는 없을 것이다.

9

잘난 척하는 사람 이기는 법

잘난 척하는 사람들은 실제로는 굳이 잘난 척을 해야만 안심이 될 만큼 열등감에 사로잡힌 사람들이다. 그들은 최고 대학의 법대를 졸업하고도 사법고시에 낙방한 사실을 유난히 부끄러워하는 사람, 지금은 크게 성공했지만 비참했던 지난 시절을 감추고 싶은 사람들이다. "벼는 익을수록 고개를 숙인다."는 말은 열등의식이 강한 사람이 고개를 더 뻣뻣이 든다는 말의 역설이다.

우리나라에는 약간의 권력만 가져도 잘난 척하는 사람들이 많다. 목에 힘을 주는 주차 관리인이나 지나친 방법으로 출입

을 통제하는 건물 출입 관리인, 낯선 사람은 무조건 범법자로 모는 동네 방범대장, 10여 개의 직함을 나열한 명함을 내미는 교수나 기업인, 연장자도 아랑곳하지 않고 약간의 직급 차이를 내세워 첫 대면부터 반말하는 사람 등 무수히 많다. 잘난 척하는 사람들은 어떤 모임에 참석하건 모임을 자기 방식으로 끌어가고는 "내가 나서지 않으면 모임이 엉망이 된다."고 떠든다. 그러므로 이들과 같이 지낼 생각만 해도 매우 피곤해질 것이다.

그러나 잘난 척하는 사람도 얼마든지 유쾌하게 이길 수 있다. 잘난 척하는 사람들이 가장 중요시하는 것은 명예다. 잘난 척하는 사람들이 상대방의 입장을 고려하지 않고 함부로 말하거나 타인에게 발언권을 주지 않는 것은, 자신의 보잘것없는 현실이 드러나는 것을 막기 위해서다. 따라서 이들을 이기려면 인정하기 싫더라도 그들이 중요시하는 명예를 인정해주어 이익을 얻는 것이 낫다.

나는 한동안 관공서에 갈 때마다 주차장 아저씨와 맞닥뜨리는 것을 가장 두려워했다. 관공서의 주차 관리인들은 대부분 "아줌마 거기는 지정 차 들어올 거예요. 딴 데로 가봐."라고 반말을 하는 등 자신의 권한을 최대한 휘두르며 잘난 척했기 때문이다.

그러나 커뮤니케이션 전문가로서 이들과 싸우지 않고 이기는 방법은 없을까를 연구한 끝에 "당신이 뭔데 반말이야?"라고 대꾸하고 싶은 것을 꾹 참고, "당신 능력이라면 어디든 주차할 곳을 찾아줄 수 있지 않나요?"라고 말하기로 한 것이다. 그 결과 어떤 주차장을 가든지 그들이 내가 주차할 공간을 찾아준다는 것을 깨닫게 되었다.

잘난 척하는 사람들은 다른 사람들에 비해 공명심이 강하다. 그러므로 자존심을 살려주면 자신의 이익에 반하더라도 열심히 도와주기 때문에 예상보다 더 많은 것을 얻을 수도 있다.

10
까다로운 사람 이기는 법

성격이 모나고 까다로운 상사, 시어머니, 가장과는 대화가 잘 안 돼 평화롭게 더불어 살기가 어렵다. 이들은 남다른 인사법, 옷 입는 법, 서류 작성법, 심지어 앉고 서는 방법 등 시시콜콜한 것까지 내세워 까다롭게 굴기 일쑤다. 그리고 이들은 일반 상식과 전혀 다른 자기만의 기준을 적용시킨다.

전에 직장에 다닐 때 후배 중에 필요 이상으로 까다로운 친구가 있었다. 그녀는 옷을 살 때는 반으로 접어 좌우 대칭이 정확한지 살펴보고, 바느질 땀을 하나하나 살펴 그 간격이 일정한지까지 보았다. 염색 상태, 단추의 위치, 부속품 상태와 라벨에 쓰인 글씨까지 한 자도 빠뜨리지 않고 다 읽은 후 반드시 꼬투리를 잡아내 상인과 다투었다.

　이 광경을 목격한 동료들은 하나같이 그녀와 동행하는 것을 피했다. 그러나 후배들은 그녀를 피할 처지가 못 되었다. 그녀는 후배들의 약점을 이용해 "인사를 건방지게 했다." "지시 사항을 제대로 이행하지 않았다." 등의 이유를 내세워 괴롭혔다. 어떤 날은 "너 요즘 방송이 많이 늘었더라."라고 칭찬했다가, 어떤 날은 "너는 왜 맨날 제자리걸음이니?"라며 면박을 주어 헷갈리게 했다. 한 신입 아나운서에게는 "네 목소리는 콧소리가 많이 나서 뉴스에는 안 맞아."라고 말해 끝내 뉴스에 적응하지 못하고 퇴사하게 만들기도 했다.

　나는 그녀의 까다로운 성격을 끝내 이해하지 못한 채 회사를 그만두게 되었다. 훗날 커뮤니케이션을 공부하고 보니 그녀처럼 까다로운 사람도 기분 상하지 않고 이기는 방법이 있었다.

　까다로운 사람은 대체로 자라면서 큰 상처를 입은 적이 있어, 그 상처 부위를 찾아내 어루만져주어야 대화가 가능해지는 것이었다. 그 후배도 알고보니 어머니의 편애 때문에 성격이 왜곡돼 까다로워진 경우였다. 그녀에게는 공부 잘하고 외모도 그녀에 비해 훨씬 뛰어난 여동생이 있었는데, 어머니는 그 후배와 여동생을 비교하며 차별 대우를 해왔다는 것이다.

많은 심리학자들 역시 그와 비슷한 말을 했다. 어려서 누군가에게 크게 배신을 당했거나 편애로 차별 대우를 받았거나 억울한 누명을 쓴 경험을 갖게 되면, 일반화된 사회 규범은 자기 자신을 보호해주지 않는다고 믿어 자기만의 질서를 만들고 스스로 보호막을 형성한다는 것이다. 그들이 까다로운 이유는 자기만의 질서를 남들에게 강요하기 때문이다.

따라서 까다로운 사람에게는 "왜 그렇게 까다로워?" 하며 따지지 말고, 그가 말도 안 되는 까탈을 부려도 "네 방법이 최고다. 나도 배우고 싶다."라고 말해 당신이 그 사람을 깎아내릴 의도가 없다는 메시지를 전해 안심시켜야 한다.

까다로운 사람은 사람들로부터 따돌림을 당할 수밖에 없기 때문에 실제로는 몹시 외롭다. 따라서 이들이 말이 안 되는 까탈을 부려도 "당신이 정당하다."고 말해주면 심정적으로 당신에게 돌아서고 싶어한다.

그러나 까다로운 사람들은 의심이 많아서 남이 내린 결정은 무조건 불신하기 때문에, 까다로운 사람과 지속적으로 잘 지

내려면 사소한 일도 "어떻게 할까요?"라고 물어 그가 스스로
결론을 내도록 해야만 불화를 막을 수 있다.

11
공격적인 사람 이기는 법

공격적인 사람은 에너지가 넘쳐 활달하며, 목소리와 덩치도 크다. 그래서 소극적인 사람들은 이들 앞에 서기만 해도 주눅이 든다. 그 때문에 공격적인 상사나 가장 아래에서 기가 죽어 사는 사람들이 많다. 그런데 공격적인 사람은 상대방이 기가 죽을수록 더 깔아뭉개기 때문에, 공격적인 사람일수록 당당하게 대해야 한다. 또한 공격적인 사람은 정교하지 못하기 때문에 실컷 공격하도록 내버려두면 스스로 자기 허점을 드러낸다. 그때 그가 드러낸 허점을 역공하면 쉽게 이길 수 있다.

얼마 전 지방 강연을 가기 위해 여수행 비행기를 탄 적이 있다. 아침 출근 시간이어서 비행기가 이륙하자 모두 잠에 빠진 듯 조용했다. 그런데 유독 내 앞자리에 앉은 두 남자만 비행기가 착륙할 때까지 언쟁을 멈추지 않았다. 그들의 이야기를 유추해 짜맞추어보면 목소리 큰 남자가 회사에 무슨 손실을 끼친 것 같았다. 목소리 큰 남자는 매우 공격적인 목소리로 종종 "도대체 날 뭘로 보고 그 따위 말을 해."라고 윽박지르곤 했다. 목소리가 작은 남자의 소리는 거의 들리지 않았다. 그런데 비행기를 내릴 때는 완전히 처지가 바뀌어 있었다. 목소리가 크고 공격적인 남자가, 목소리 작고 덩치 작은 남자 옆에 바싹 붙어 사정조로 말하고 있었다.

"손바닥도 마주쳐야 소리가 난다."는 말이 있듯, 공격해도 맞받아치지 않으면 맥이 빠진다. 따라서 공격적인 사람과 이해관계가 걸리면, 당당한 태도를 보이며 김 빼기 작전으로 나가야 이길 수 있다. 공격적인 사람도 기본 양심 때문에 자신의 공격이 터무니없음을 깨달으면 함부로 재공격을 못한다. 이때, 그가 공격하면서 보인 허점을 찾아 당당한 목소리로 문제점을 조목조목 설명하면 얼마든지 유쾌하게 이길 수 있다.

12

말대꾸하는 사람 이기는 법

윗사람은 비록 자신이 틀린 말을 할지라도 아랫사람이 말대꾸하지 않고 들어주기를 바란다. 그러나 요즘에는 연공서열이 사라지고 나이의 권위가 무너져 어른들 말에도 사사건건 말대꾸하는 젊은이들이 많아졌다. 체면상 말꼬리를 잡고 싸울 수도 없고, 못 들은 척하고 넘어가자니 불쾌하다. 그렇다고 말대꾸하는 것을 무조건 용서하면 스트레스가 쌓여 정신 건강을 해치게 될 것이다.

50대의 중소기업 사장인 최훈종 씨는 아직도 컴퓨터 사용이 서툴러 입사 2년 차인 여비서에게 도움을 받곤 한다. 그런데 최근 여비서가 "그것도 할 줄 모르세요? 전에 가르쳐드렸잖아요!"라고 말대꾸를 해 여간 심기가 불편하지 않다. 최훈종 씨는 입사 초기만 해도 고분고분하던 여비서가 이제는 간단한 컴퓨터 사용까지 물어보는 사장을 우습게 여긴다고 생각하자 울화통이 치밀었다. 아마 비서가 "이번에는 이렇게 해보세요."라고 친절하게 말했다면 그는 여비서를 더욱 신뢰했을 것이다. 그러나 그는 여비서의 말대꾸에 마음이 상해 그녀에게 더 이상 직장을 주기 싫어 해고 사유를 찾기 시작했다.

말대꾸는 습관이기 때문에 쉽게 고쳐지지 않는다. 말대꾸할 때마다 야단을 쳐도 대수롭지 않게 여긴다. 따라서 최훈종 씨의 방법이 나을 수 있다. 그러나 만약 직원을 내보낼 수 없거나 말대꾸하는 사람이 자녀라면 최훈종 씨와 같은 방법으로는 해결할 수 없다.

아랫사람의 말대꾸 습관은 초기에 잡아야 한다. 처음 말대꾸를 했을 때 적당히 넘어가지 말고 눈물이 쏙 빠지도록 호되게 꾸짖어 같은 잘못을 반복하지 않도록 해야 한다. 이때는 같은 말을 길게 하거나 말대꾸 내용으로 시비를 벌이지 말고, "나는 윗사람에게 그런 식으로 말하는 것을 싫어한다."라고 말대꾸 자체를 문제 삼아야 한다.

만약 당신이 마음이 약해서 첫 말대꾸를 그냥 넘겼다면, 지금이라도 말대꾸 순간을 놓치지 말고 "할 말 있는데 나 좀 보자."고 말해 제3의 장소로 불러들인 다음 "너의 말대꾸가 나에게 이런 느낌을 준다."고 말해야 한다. 이때 목소리 톤을 높이거나 말을 빨리 하면 상대방이 '나를 미워하는구나.'라고 해석해 반발할 수 있다. 따라서 말대꾸 자체만을, 낮고 냉정한 목소리로 말해야 이길 수 있다.

13
말을 독점하는 사람 이기는 법

　　말을 독점하는 사람은 스타 의식이 강해 남의 말을 귀담아 듣지 않는다. 그 때문에 말을 독점하는 사람에게 납품을 의뢰했을 경우, 엉뚱한 결과를 만들어놓고 그런 의뢰를 받은 적이 없다고 발뺌하기도 한다. 윗사람이 말을 독점하면 그의 말이 옳지 않아도 일방적으로 들어주어야 하기 때문에 고통스럽다. 말을 독점하는 사람의 가장 큰 문제는, 듣는 사람의 존재를 인정하지 않아 정작 중요한 말도 잘 못 듣는다는 점이다.

　　소규모 액세서리 제조업체 사장인 강민호 씨는 상자 안에 들어갈 사용 설명서 인쇄 때문에 골머리를 앓았다. 사용 설명서의 디자인이 워낙 독특해서 작업 공정이 힘들기는 하지만, 실수를 낸 가장 큰 원인은 인쇄소 사장이 주문을 받으면서까지 말을 독점했기 때문이었다. 그는 고객에게 굳이 하지 않아도 될 "이 디자인은 너무 까다로워서 시간을 더 주셔야 합니다."로 시작해서 왜 그 일이 까다로운지, 자기가 그 일을 맡으면 이윤은 얼마나 되는지까지 말하느라 입을 쉬지 않았다. 강민호 씨는 이처럼 일방적으로 많은 말을 하는 인쇄소 사장의 말을 자르고 몇 번이나 "로고는 은박으로 해주세요."라고 말했다. 그러자 그는 은박 문양은 따로 디자인해 보내달라고 했다. 그래놓고는 은박 디자인 파일을 확인하지 않은 것이다.

그런데도 인쇄소 사장은 "나는 은박에 대해서는 들어본 적이 없다."고 우겼다. 강민호 씨는 무려 일곱 번이나 "로고는 은박으로 해주세요."라고 말했는데도 주문 사항을 못 들었다는 것은 있을 수 없는 일이라고 말했다. 결국 두 사람이 반씩 손해를 보자는 선에서 마무리를 하기는 했지만, 강민호 씨는 이 사건을 경험 삼아 모든 주문 내용은 반드시 문서로 보내야겠다고 결심했다.

말을 독점하는 사람은 남의 말을 귀담아듣지 않기 때문에 중요한 메시지는 문서로 보내야 실수를 막을 수 있다. 만나서

협의할 때도 미리 용건과 내용을 문서로 요약해서 전달한 다음 이야기를 시작해야 화제가 옆길로 새는 것을 줄일 수 있다. 말을 독점하는 사람은 대화 중에 긴 문장을 사용하고, 문장이 끝나면 숨을 쉬지 않고 바로 다음 문장으로 이어버리기 때문에 마음 약한 사람은 중간에 말을 자르고 끼어들기도 힘들다. 그 때문에 만나려는 이유와 목적 등을 문서로 만들어 미팅 전에 미리 보도록 하고, 미팅 당일에도 들고 가 그 사람이 직접 펜으로 체크하면서 대화를 나누도록 유도해야 하자 발생을 줄일 수 있다.

일상생활에서도 직장 상사나 동료, 부모, 형제가 말을 독점하면 억지로 들어주어야 하기 때문에 고통스럽다.

대기업의 임원인 김찬형 씨는 항상 말을 독점한다. 부하 직원들은 적어도 같은 말을 서너 번 이상 들어야만 했다. 김찬형 씨는 부하 직원들이 자기 말이 재미있어서 열심히 들어주는 것으로 착각하지만, 그들은 그의 직위와 말대꾸를 하면 말을 더 길게 하는 그의 성격 때문에 억지로 들어주는 것뿐이었다.

당신이 만약 김찬형 씨의 부하 직원이라면 엄청난 스트레스를 받을 것이다. 그러한 스트레스에서 벗어나려면, 그가 같은 말을 또 했을 때 "그 말씀은 벌써 여러 번 들었으니 다른 이야

기를 해주세요."라고 말해야 한다. 말을 독점하는 사람들은 대체로 자기 말에 도취돼, 자기가 몇 번씩 되풀이한 말도 처음 시작한다고 착각한다. 따라서 그에게 같은 말을 되풀이하지 않아도 된다는 메시지를 전해야 한다. 그는 상대방으로부터 이미 들었다는 말을 듣는 순간 민망할 것이고, 그런 일이 반복되면 자기 자신이 같은 말을 자주 반복한다는 사실을 깨닫게 될 것이다.

말을 독점하는 사람이 나보다 높은 사람일지라도 "그 말은 이미 들었다."고 말하는 것은 그리 어렵지 않을 것이다. 그리고 듣는 사람도 그 정도의 말에는 화를 낼 이유가 없어, 당신이 생각한 것보다 더 긍정적으로 당신의 지적을 받아들일 것이다.

14

매너 없는 사람 이기는 법

 여러 사람이 모여 살다보면 자기가 하고 싶은 일도 조금쯤 양보해야 할 때가 많다. 그 기본적인 양보가 매너이다. 그런데 기본적인 매너조차 지키지 않아 눈살을 찌푸리게 하는 사람들이 많다.

엘리베이터 앞에 붙어 서서 내리는 사람의 입구를 가로막는 사람, 공공장소에서 흡연을 해 공기를 더럽히는 사람, 식당에서 주위 사람들에게 방해가 될 정도로 큰소리로 떠드는 사람, 좁은 공간에서 예고 없이 몸을 부딪히며 지나가는 사람, 극장 안에서 큰 키를 곧추세우고 앉아 뒷사람의 시야를 가리는 사람 등 매너 없는 사람은 정말로 많다.

매너를 몸에 익히지 않은 사람에게 새삼 처음부터 매너를 가르칠 수도 없고, 그냥 참고 넘어가자니 불편하기 짝이 없다. 이들과 갈등 없이 평화롭게 살아가려면 매너 없이 무례하게 굴 때 속으로만 흉을 볼 것이 아니라, 그때마다 당신이 매너를 지키지 않아 내가 불편하다는 말을 해야 한다.

그러나 매너 없는 사람일수록 남을 의식하지 않기 때문에 타인의 충고나 지적을 잘 받아들이지 않는다. 따라서 그의 잘 못에 대해 용서하는 것도 아니고, 그렇다고 지적하는 것도 아 닌 방법으로 지적하는 것이 좋다. 예를 들어 공공장소에서 담 배를 피우는 사람에게 "미안합니다. 제가 기관지가 나빠 서……."라고 말하거나 극장 안에서 허리를 곧추세우고 앉은 사람에게 "미안합니다. 제 앉은키가 낮아서……."와 같이 말 하면 대부분 시비를 벌이지 않고 들어준다.

그러나 종종 이런 식으로 말하면 오히려 우습게 여기는 사 람들이 있다. 그럴 때는 혼자 속상해하면서 참지 말고, 정중하 고 단호하게 "저는 담배 냄새를 싫어합니다. 담배를 꺼주시든 지 장소를 옮겨서 피우시겠어요?" "당신의 앉은키가 너무 커 서 뒤에서는 스크린이 안 보입니다. 키를 낮춰주세요."라고 직설적으로 말해도 된다. 직설적인 말은 상대방의 기분을 상하게 할 가능성이 높기 때문에 항상 감정을 섞지 말고, 건조하고 냉정하게 말하는 것이 좋다.

가족간에도 매너는 중요하다. 제사 때 부엌일을 끝낼 무렵에 나타나는 동서, 일은 하지 않고 음식만 집어먹는 시누이, 자기는 아무것도 하지 않으면서 입으로만 일하는 시어머니 등 가족의 매너 없는 행동 때문에 마음이 불편할 때가 많다. 그러나 가족간에는 사소한 잘못을 직접 지적하기보다는 마음속의 불만을 표현하며 괜히 그릇을 심하게 부딪치며 설거지를 하거나, 방문을 쾅 닫아버리거나, 입을 내밀고 말을 하지 않는 등의 행동으로 표출해 더 큰 갈등을 일으키는 경우가 많다.

화는 참으면 참을수록 더 커져, 나중에는 말을 하려고 해도 감정이 앞서 침착하게 말할 수 없게 만든다. 따라서 가족이 매너를 지키지 않았을 때는 당신 마음이 시키는 대로 정직하게, 그리고 화를 내지 말고 침착하게 말해야 이 문제를 쉽게 해결할 수 있다.

15
비아냥거리는 사람 이기는 법

직위가 동등하거나 아랫사람보다 영향력이 없는 사람이, 자기보다 힘있는 사람에게 불만이 생기면 직접 화를 낼 용기가 없어 비아냥거리기 일쑤다. 그들은 알고 보면 소심하기 때문에 직접 화를 낼 용기가 부족해 비아냥거리는 경우가 많다. 그러나 비아냥거림은 직접 화를 내는 것보다 훨씬 더 화를 돋운다.

소심하고 심약한 사람들이 항상 그렇듯, 상대방이 비아냥거리는 것에 신경을 쓰면 통쾌해하며 더 열심히 비아냥거린다. 그리고 누군가가 제동을 걸지 않으면 습관으로 굳어져 자신의 비아냥거리는 태도가 상대방에게 얼마나 큰 상처를 주는지조차 모른다. 따라서 상대방의 비아냥거림에 미온적으로 대응하지 말고, 나는 더 이상 비아냥거림을 받아줄 수 없으니 당신의 생각을 정확하게 밝히라고 말을 해주어야 한다.

부모가 모두 교수인 김명은 씨는 시장 좌판에서 과일 장사를 하는 시부모의 비아냥거림을 참다가 부부 사이가 나빠져 이혼까지 고려하고 있다. 김명은 씨의 시어머니는 며느리가 사과를 제대로 깎지 못해 쩔쩔매면 "공주님을 모시고 있는 내가 하는 게 낫지."라고 말하고, 며느리가 밥을 차려주면 "공부 많이 한 사람 입맛 맞추려다가 영양실조 걸리겠구먼." 하고 비아냥거린다.

김명은 씨는 차마 시어머니에게 직접 항의하지 못하고, 지인들에게만 "저의 시어머니는 남을 기분 나쁘게 하는 천재적인 말재주를 갖고 계세요."라고 하소연한다. 그녀가 사과 깎는 것이 마음에 들지 않으면 '사과는 그렇게 깎는 게 아니고 이렇게 깎아라.' 라고 말씀하시거나, 그녀가 만든 음식이 입에 맞지 않으면 '네가 만든 음식은 내 입맛에 안 맞으니 소금을 더 넣어라, 또는 마늘이 덜 들어갔다.' 라고 말씀해주시면 얼마든지 고칠 텐데, 꼭 비아냥거려서 며느리 속을 긁는다는 것이다. 김명은 씨는 이제는 더 이상 참을 수 없다고 말한다.

김명은 씨의 경우 시어머니의 비아냥거림을 피할 것이 아니라, 다른 사람들에게 시어머니의 부당함을 말하듯 그대로 직접 이야기했다면 이혼을 고려할 정도까지 사태가 악화되지는 않았을 것이다. 시어머니가 '공주님'이라며 비아냥대면 "저는 공주라서 못하겠으니 공주의 시어머님께서 해주세요."라고 받아넘기고, '공부 많이 한 사람 음식은 입에 안 맞는다.'고 말씀하시면 "어머님께서 그렇게 말씀하시면 제 요리 방법은 절대 안 바뀔 거예요. 그러면 어머님이 손해지요. 저는 공부하는 건 뭐든지 자신 있어요. 그러니 이 집의 입맛에 맞는 조리법을 가르쳐주세요. 제가 요리하는 방법을 바꾸면 어머님도 좋으시잖아요."라고 말하는 것이 속으로 화를 키우는 것보다 훨씬 낫다.

물론 처음에는 당신의 대응이 낯설어 시어머니가 "공부 많이 한 며느리는 시어머니 말에 일일이 대꾸해도 되는 거냐?"라며 화를 내시겠지만, 며느리가 전하는 메시지는 확실하게 전달될 것이다.

직장에서도 상사나 동료 등이 비아냥거릴 때 속으로 참으며 스트레스에 시달리거나 울컥 화부터 내 갈등을 일으키지 말고, 비아냥거리는 사람에 대해서 제3자에게 이야기하듯 객관적으로 자신의 감정을 전하면, 더 이상 기분 상하지 않아도 될 것이다.

16

원치 않는
신체 접촉하는 사람 이기는 법

신체 접촉은 강력한 언어다. 가까운 사람에게는 자기도 모르는 사이에 몸을 가까이 하게 되지만, 서먹한 사람에게는 저절로 몸을 멀리 하게 된다. 신체 언어는 숨길 수 없는 심리를 표현하기 때문에, 원치 않는 신체 접촉은 언어 폭력보다 더 큰 상처를 입힌다. 또한 신체 언어는 매우 추상적이어서 원치 않는 접촉을 하는 사람이 상사나 선배 등 당신보다 힘있는 사람일 경우 불만을 표시하기가 어렵다.

그러나 원치 않는 신체 접촉을 미온적으로 대응하면, 상대방은 당신도 속으로는 자기와의 신체 접촉을 원하는 것으로 오해할 수 있다. 따라서 그 사람이 당신보다 힘있는 사람이라고 해서 미온적으로 대응할 필요가 없다. 원치 않는 신체 접촉은 성적인 관계로 연결돼, 만약 당신이 단호하게 거절하지 않으면 원치 않는 성관계나 결혼으로 이어져 일생을 불행하게 살 수도 있다.

인터넷에 올린 한 여성의 사연을 보자.

"저는 30대 초반의 유부남인 사장님이 운영하는 바에서 아르바이트를 했습니다. 그런데 바에 손님이 적어 사장님과 단둘이 있는 시간이 많았습니다. 사장님의 은근한 눈빛과 서슴없이 해대는 음담패설이 불편해서 한 달 만에 그만두겠다고 했습니다. 그러나 사장님이 완강하게 붙드는 바람에 결단을 내리지 못하고 계속 출근했습니다. 그 후에도 사장님은 손님이 없어 단둘이 있는 시간이면 '첫사랑과 관계를 가졌을 때 허벅지를 그곳으로 착각하고 했다.'는 둥 듣기 민망한 농담을 했습니다. 처음에는 '한 번만 더 그런 말을 하면 꼭 그만두어야지.'라고 생각했지만, 사장님의 처지도 그렇고 제가 다른 데 취직할 수 있을지 걱정도 되어서 차마 그만둔다는 말을 못하고 차일피일 미루었습니다.

그러던 어느 날 퇴근하려고 옷을 갈아입으러 가다가 사장님과 부딪쳤습니다. 술 냄새가 많이 났습니다. 사장님은 제 볼을 꼬집고 머리를 만지면서 얼굴을 빤히 쳐다보더니 갑자기 키스를 해버렸습니다. 직장을 당장 그만두자니 사장님이 있어 달라고 애원하고, 계속 근무하자니 불편합니다."

이 여성의 경우 사장의 음담패설을 단호하게 거부하지 않아 사장이 그런 행동을 할 수 있었다. 만약 당신이 이런 상황에 처한다면, 사장이 처음 음담패설을 했을 때 직장을 과감하게 그만두어야 한다. 만약 그만둘 수 없는 처지일지라도 "저는 그런 말을 듣고 싶지 않습니다. 계속 그렇게 하시면 더 이상 출근할 수 없습니다."라고 당당하고 단호하게 자기 의견을 전해야 한다. 당신이 싫다는 말을 하지 않으면, 상대방은 당신도 속으로는 자신과의 신체 접촉을 원할 거라고 착각할 수 있다. 그러므로 어떤 경우든 단호하게, 그러나 감정을 섞지 않고 "저는 그런 접촉은 싫어합니다."라고 말해야 한다.

요즘에는 남자 직원이 여자 상사들의 원치 않는 신체 접촉으로 갈등을 빚는 경우도 많아졌다고 한다. 이때도 "남자가 여자한테 어떻게 그런 말을 해……."라고 소극적으로 대응할 것이 아니라, "저는 엉덩이 만지는 것이 싫습니다."라고 직설적으로 말해야 한다. 당신이 그렇게 말하면 "장난도 못해? 속 좁

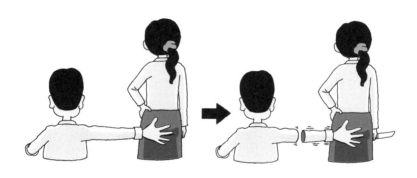

은 남자군."이라는 반응이 나올 수도 있다. 그러나 당신이 차분하고 가라앉은 목소리로 엄중하게 말한다면 상대방도 사안의 중요성을 인지할 것이다.

17
복지부동 하는 사람 이기는 법

'복지부동'은 우리에게 익숙한 단어다. 우리 사회는 얼마 전까지만 해도 튀는 사람을 좋아하지 않았다. 그러나 국제 경쟁이 갈수록 치열해지자 복지부동이야말로 조직의 경쟁력을 약화시키는 주원인으로 지목받았다.

복지부동파들은 누구보다 소심하고 나약해서 가급적 튀지 않으려 노력하고, 정의를 위해 나서는 대신 숨을 죽인 채 책임질 말은 절대 하지 않으며, 입장이 곤란할 때는 애매한 입장을 취해야 살아남는다고 믿는다. 그 때문에 부탁을 받으면 가부간의 대답을 분명히 하지 않으며, 가능한 한 책임질 일은 맡지 않으려 하고, 중요한 결정에는 찬성도 반대도 아닌 애매한 입장을 취한다. 이런 식으로 복지부동 하는 사람이 많은 조직은 경쟁력이 저하될 수밖에 없다.

복지부동 하는 사람에게 결단이 필요한 일을 맡기려면, 그가 답변을 꺼리며 시간을 끌 때 대답할 때까지 침묵으로 응시해 답변을 촉구해야 한다. 하지만 복지부동 하는 사람들은 심약하기 때문에 중압감을 주지 말고, 침묵과 독촉을 번갈아 보여 답변을 유도하는 것이 좋다. 회의 중에는 빨리 대답하지 않아 답답하더라도 발언권을 주고 확실한 소견을 말하도록 유도해야 한다. 복지부동 하는 사람들이 적극성을 띠면 조직의 활기는 놀라울 정도로 커질 것이다.

복지부동 하는 사람들은 대체로 소극적이며 소외된 상황에 놓여 있는 경우가 많아, 윗사람이 몰래 자기 방으로 불러 "이번 일을 어떻게 생각합니까?" "이번 일을 잘하려면 무엇을 조심해야 할까요?" 등의 질문을 던져 그가 조직에서 중요한 비중을 차지하고 있음을 인지시키면 감동을 받는다.

복지부동인 사람들은 또 대체로 남의 일에 간섭하지도 않고 자기 일도 간섭받지 않겠다는 고립주의자들이어서, 이들을 적극적인 사람으로 변화시키려면 이들의 개인적인 관심사를 화제에 올려 적극성을 갖게 해야 한다.

대화란 마음을 주고받는 행위이기 때문에, 내가 마음의 문을 열면 상대방도 열게 된다. 따라서 복지부동 하는 사람의 마음을 열려면, 내가 먼저 나 자신의 결함을 고백해 동질감을 갖도록 하는 것이 좋다.

18

불평 많은 사람 이기는 법

불평을 하기로 들면 누구나 아침에 일어나 밤에 잠자리에 들 때까지 한도 끝도 없이 많다. 신문이나 텔레비전의 수많은 범죄 보도, 늘 만원인 지하철과 울퉁불퉁한 보도블록, 불평등한 사회제도, 답답한 상사 등 어느 것 하나 마음에 드는 것이 없을 테니 말이다.

불평 많은 사람은 남들은 대수롭지 않게 여기는 조그만 불편도 참지 못한다. 그런 사람은 직장에서 "경영 시스템이 개판이야." "복지가 형편없어." "내가 자기 종인 줄 알아?" "뭐 그런 걸 직원들한테 책임지래? 상사가 되어 가지고 그게 할 말이

야?" 등 하루 종일 불만을 쏟아놓고, 집에서도 "음식이 뭐 이래?" "왜 내가 그 일을 해야 해!" 등의 불평을 쉬지 않고 늘어놓는다.

직장이란 여러 사람이 한 몸처럼 움직이도록 되어 있는 곳이어서, 한 사람의 불평 불만은 어쩌다 몸 안으로 흘러 들어온 세균처럼 핏줄을 타고 온몸에 퍼져 조직 구석구석까지 영향을 미칠 수 있다. 당신이 만약 기업의 임원이거나 중간 관리자라면 불평 많은 부하 직원의 입을 꿰매버리고 싶을 때가 많을 것이다. 그러나 불평 많은 부하 직원의 입을 막는다고 불평이 사라지는 것이 아니다. 오히려 속으로 쌓여 더 큰 문제를 일으킬 수 있기 때문에 조심스럽게 다루어야 한다.

불평 많은 사람이 불평을 늘어놓는 이유는, 불편을 해결하려는 목적을 가졌다기보다 불평 그 자체로 스트레스를 해소하려는 목적이 더 크다. 그래서 "불평 좀 그만 해!"라는 말보다 "그렇다면 어떻게 하면 해결될 것 같습니까? 좋은 해결 방법이 있으면 말해보십시오."라고 말해야 입을 다문다. 그가 불평할 때마다 해결책을 달라고 요구하면 불평 많던 사람도 차츰 불평하는 것보다 해결책을 모색하는 것이 낫다는 점을 깨닫게 될 것이다.

19

갑자기 서먹하게
대하는 사람 이기는 법

특별히 잘못한 것도 없는데 친하게 지내던 사람이
갑자기 당신을 서먹하게 대하면 "도대체 내가 뭘
잘못했지?" 하고 당혹스러울 것이다. 그렇다고 불쑥 "내가 뭘
잘못했어? 도대체 나한테 왜 그래?"라고 묻기도 어색하다. 결
국에는 혼자서 그 이유를 찾으려고 애쓰게 된다. 그렇게 되면
긍정적인 이유보다 부정적인 이유에 집착해 오해와 갈등의 골
은 더욱 깊어진다.

　나도 언젠가 오랜 친구가 갑자기 서먹하게 대해 오랫동안
기분이 상했던 적이 있다. 나 역시 친구에게 이유를 묻지 않고

혼자서 그 이유를 알아내려다가 자꾸만 안 좋은 방향으로 해석돼 상당히 오랫동안 고통스러웠다. 그러다가는 친구와의 우정에 금이 가는 것은 물론 나 자신도 더 괴로울 것 같아 용기를 내 직접 그 이유를 물었다. 그 친구는 잠시 망설이더니 솔직하게 아들이 대입에 실패하자 명문 학교에 다니는 우리 아들과 비교돼 나를 피하고 싶었다고 대답해주었다. 나는 친구의 기분을 이해했고 우리는 예전처럼 편한 사이가 되었다. 그러나 만약 내가 끝끝내 본인을 직접 만나 솔직하게 물어보지 않았다면 수십 년 지속된 우리의 우정은 막을 내렸을 것이다.

이유가 정확해야 해결 방법도 정확해진다. 그러니 친하게 지내던 사람이 갑자기 서먹하게 대하면 혼자 속으로 끙끙 앓지 말고, 당당하게 만나 "나한테 섭섭한 일 있어? 말해주면 고칠게."라고 말해야 한다.

인간관계란 금이 가기 시작하면 걷잡을 수 없기 때문에, 사소한 문제도 발생 즉시 해결하는 것이 좋다. 지금 당신에게 갑자기 서먹하게 대하는 친구가 있다면 더 기다리지 말고 달려가 그 이유를 직접 물어보라. 친구는 당신이 짐작하는 것보다 훨씬 간단한 문제 때문이었다고 말할는지 모른다.

20
부자 이기는 법

　요즘, 우리나라 서점에는 부자 되는 비법을 소개하는 책들로 뒤덮여 있다. 우리나라 사람들이 드러내놓고 부자가 되겠다고 외치기 시작한 지는 그리 오래 되지 않았다. 우리나라 사람들은 속으로는 부자 대열에 끼고 싶어하면서도 겉으로는 부자를 미워해왔다. 부자들 역시 이러한 사회 분위기를 충분히 알기 때문에 알게 모르게 부자가 아닌 사람에게 상처를 주는 말을 해왔다.

　부자에게 상처받지 않으려면 부자의 심리부터 이해해야 한다. 우선 대를 물린 부자와 자수성가한 부자의 심리는 다르다.

대를 물린 부자는 부자라는 이유로 주변 사람들의 떠받듦을 받으며 자란다. 자신이 굳이 거드름을 피우지 않아도 남들이 알아주기 때문에 항상 편안하고 느긋한 편이다. 대신 어려서부터 재산을 잘 지켜야 한다는 세뇌를 받아왔기 때문에 돈 문제가 나오면 엄살부터 떤다. 돈 없는 서민들이 들으면 아니꼬울 수 있지만 당사자로서는 당연한 반응이다.

또한 이들은 어려서부터 부모에게 돈 쓰는 것을 철저하게 통제당해 누구보다 씀씀이가 쫀쫀하고, 돈 앞에서는 소심한 겁쟁이로 변한다. 이들은 부모의 열성적인 교육 덕으로 교양 있고 기품 있는 성인으로 자랐지만, 돈과 관련된 일에는 쩨쩨하고 비굴해질 수 있는 요소를 두루 갖추고 있다. 그래서 대물림 부자에게는 투자나 기부금 의뢰를 하면 말로 상처받기 쉽다. 식사 약속을 하고도 상대방이 밥값을 내도록 하기 때문에, 이런 문제를 부탁하려고 자주 만나면 성과 없이 비싼 식사비만 축낼 것이다. 그러나 이들은 돈이 들지 않는 일을 부탁하면 선심을 쓴다. 이들은 인맥이 두텁기 때문에, 이들에게 직접 투자를 받거나 기부금을 거두려고 하지 말고 도움이 될 만한 사람을 소개해달라고 하면 도움을 받을 수 있다.

대물림 부자들과 달리 자수성가한 부자들은, 평소에는 지독

한 구두쇠들이지만 자신의 이름을 알릴 수 있는 곳에는 분에 넘치는 많은 돈도 선뜻 기부한다. 별 볼일 없는 모임의 리더가 되려고 비싼 기부금을 내는가 하면, 엉터리 골동품 구입에 거금을 들이기도 한다. 이들은 대물림 부자들과 달리 부자가 된 지 얼마 안 되었기 때문에, 자신이 부자라는 사실을 알릴 수만 있다면 얼마든지 주머니 끈을 열 자세를 갖추고 있다.

그러나 이들은 돈을 벌면서 많은 고생을 했기 때문에, 강자에게는 약하고 약자에게는 강하다. 따라서 이들에게 투자를 의뢰하거나 돈 거래를 부탁하려면 당당해야 한다. 이들은 절대 불가능해 보이는 일도 가슴을 펴고 당당하게 말하면 믿지만, 가능성 있는 큰 일도 주저하면서 자신 없게 말하면 무시한다.

자수성가한 부자들은 대물림 부자들보다 화통해서, 자기가 돈을 냈다는 사실만 널리 알려주면 쉽게 돈을 내기 때문에 세일즈나 투자 대상자로 좋은 상대다. 그러나 이들은 유치할 만큼 많이, 그리고 자주 그가 부자임을 광고해주어야 돈을 내기 때문에, 당신이 생각할 때 너무 심하다 싶을 만큼 그를 아는 사람들에게 그가 돈을 낸 사실을 말해주어야 다음을 기약할 수 있다.

21

가난뱅이 이기는 법

　　가난한 사람들은 가난하다는 이유만으로 크게
위축되어 있어 말꼬리를 잡고 시비를 벌일 가
능성이 높다. 이를 피하려면 그들의 문화를 좀더 적극적으로
이해해야 한다.

　　가난한 사람들은 가난에 대한 열등의식이 강해, 자기 자신
은 "나는 가난뱅이."라고 말해도 다른 사람이 '가난뱅이' 라고
말하면 화를 낸다. 또 가난을 정당화하기 위해 부자들을 '부정
한 방법으로 돈 번 사람' '억세게 운이 좋은 사람' '부모 덕에
팔자 고친 사람' 등으로 비하해 말하기도 한다.

그러나 겉으로는 부자를 경멸하지만 심리적으로는 보통 사람들보다 더 부자에게 의존한다. 그 때문에 부자에게 특별한 혜택을 입지도 않으면서 일 대 일의 관계에서는 부자에게 불필요한 선심을 베푼다. 그리고 '자존심 하나로 버틴다.'고 말할 수 있을 정도로 자존심이 강해서, 부자에게는 결코 아쉬운 소리를 하지 않는다. 그래서 돈을 빌릴 일이 있으면 똑같이 가난한 사람을 찾아간다.

당신이 이들에게 영업을 해야 할 입장이거나 동료라면, 은근히 당신이 부자라고 과시해두는 것이 좋다. 그러나 여기서 주의할 점이 있다. 가난뱅이들은 부자를 동경하면서도 다른 한편으로는 돈만 아는 치사한 인간이라고 경멸하는 두 가지 심리를 가지고 있다. 그러므로 가난뱅이와 비즈니스 관계에 얽히면 그들 앞에서는 부자를 비난해 동질감을 느끼게 해주는 것이 좋다. 대신 이들은 남으로부터 '가난뱅이'라는 말을 듣는 것은 싫어하므로 간접적으로라도 그 자신에 대한 가난은 언급하지 않는 것이 좋다.

그들은 가난뱅이라는 소리를 듣지 않으려고 분수에 맞지 않는 비싼 물건을 사거나, 쉽게 구할 수 없는 식품이나 귀중품을 선물하는 경향이 있으므로, 당신이 고가품을 판매해야 하는 판매원이라고 해서 그들을 무시할 필요는 없다. 그들과 좋은 비즈니스 관계를 맺으려면 그들을 부자처럼 대해주면 된다. 가난한 동료나 상사를 부자로 대접해주면 말꼬리를 잡히는 대신 의외의 큰 실적을 쌓게 해줄 것이다.

22

공을 가로채는 사람 이기는 법

　직장에서는 업무적인 공을 세워 상사에게 잘 보이고 출세하
는 사람들이 많다. 그러나 공을 세워도 남에게 빼앗기면 소용
이 없다. 따라서 공을 세우기 전에 빼앗기지 않는 방법부터 알
아두어야 한다.

　나는 국내 최초로 미국에서 PI(Personal Identity, 개인 브
랜드)의 개념을 들고 들어와 서강대 언론대학원 최고위과정을
3년가량 위탁 운영했다. 그런데 이 교육 프로그램을 수강했던
한 서비스 강사는 내가 운영하는 교육 프로그램의 아이디어를
훔쳐 PI 전문가로 행세한다. 당시 이 교육 프로그램을 수강한

수강자들은 이 사실을 모두 다 알지만, 일반인들은 이 사실을 전혀 모른다. 이 과정을 지켜본 지인들은 나보다 더 억울해하며 대책을 세우라고 하지만, 이미 빼앗긴 아이디어는 되찾을 수 없다는 사실을 아는 나는 "남의 아이디어를 훔쳐 전문가 행세하는 것도 능력"이라는 대답을 할 수밖에 없었다. 나는 이러한 경험 때문에 아는 사람들에게 자기 아이디어나 공을 남에게 빼앗기지 않는 방법을 알려주려고 한다.

한 광고 회사 사장이 불경기의 여파로 광고 수주가 줄어들었다며 수주를 늘릴 수 있는 방법을 직원들에게 찾아보라고 했다. 좋은 방법을 프레젠테이션 하면 진급도 시켜주겠다는 약속까지 했다. 입사 동기인 김경만 씨와 최대인 씨는 그동안 줄곧 공동 작업을 해왔다. 두 사람은 항상 그래왔듯 김경만 씨가 아이디어와 시각 자료 준비를 맡고, 최대인 씨는 프레젠테이션 전에 자료로 나누어줄 브로셔 준비와 발표를 맡았다. 그런데 최대인 씨는 진급이 걸리자 전과 달리 모든 아이디어가 자기 것인 양 발표를 했다. 게다가 "제가 이 아이디어를 내느라고 경쟁사에 근무하는 친구들에게 술을 많이 샀습니다." 등의 말을 해 김경만 씨의 공을 가로챘다.

첨예한 이권이 걸린 프레젠테이션을 공동으로 진행해야 할 경우, 사전에 프레젠테이션 자료마다 아이디어를 낸 사람의 이름을 분명히 밝히든지 '우리 팀'이라는 표현으로 통일하자는 약속을 해두어야 한다. 그런데도 공동 작업자가 대표로 발표하면서 그 공을 가로채면, 발표 중간에 손을 들고 "원래 아이디어는 그게 아니라 이런 것이었다."라고 말해 그가 아이디어를 훔쳤음을 은근히 알려야 공을 도둑맞지 않는다. 설마 하는 사이에 당신은 중요한 아이디어를 빼앗기고 혼자서 투덜거리는 신세로 전락할 것이다.

미국 속담에 "지는 자는 항상 투덜거릴 뿐이다(Losers always are whispers)."라는 말이 있다. 엉뚱한 사람이 당신의 공을 가로채지 못하도록 하려면, 중요한 사항은 말로만 하지 말고 문서로 기록해두는 것이 안전하다.

23

비난을 일삼는 사람 이기는 법

사람의 기억력에는 한계가 있어서 급한 일로 집에 들렀다가 집 안에 열쇠를 두고 현관문을 잠그거나, 약속 시간이 임박했는데 자동차 열쇠를 찾지 못해 당황할 때가 있다. 처음으로 방문한 대형 빌딩 주차장에서 차를 어디에 두었는지 모르거나, 초행이어서 뻔한 길도 제대로 찾지 못할 수도 있다. 그럴 때는 누구보다 본인 자신의 마음이 불편할 것이다. 그런데 배우자, 부모, 형제, 동료 등 옆에 누군가가 있으면 예외 없이 "도대체, 왜 그래?" 하며 비난한다. 비난을 받으면 참았던 화까지 치밀 것이다. 이럴 때 감정적으로 화를 내면 상대방은 모든 원인이 당신에게 있음을 내세워 절대 지지 않으려고 할 것이다. 갈등은 점점 커질 것이다. 따라서 그런 상황을 만들지 않으려면 잘못을 저지른 당신이 신경질적으로 화를 낼 것이 아니라, 정색을 하고 "나도 지금 속이 상하니까 조금만 기다려."라고 분명하게 말하는 것이 현명하다.

나는 소규모 회사를 운영하던 초기에 수입과 지출의 균형을 맞추지 못해 본의 아니게 신용 카드 결제 대금을 연체한 적이 있다. 그때 카드 회사 직원은 전화로 결제를 독촉하며 "돈을 빌려 쓰고 안 갚으시면 어떡해요?" 하며 나를 비난했다. 나는 내가 신용 카드 결제 대금을 고의로 연체한 것처럼 말하는 그 직원의 태도를 받아들일 수 없었다. 결제 대금을 일부러 연체하면 그 직원이 아니라 카드 사용자인 내가 높은 이자를 물거나 신용 불량 기록을 감수하는데, 그와 같은 비난까지 감수할 이유가 없다고 생각했기 때문이다. 그래서 나는 그 직원에게 "연체 이자도 내가 내고, 신용 불량 딱지도 내가 받습니다. 당신이 이자를 대신 내주려고 그런 식으로 말하는 것입니까?"라고 물었다. 그러자 카드 회사 직원의 태도가 공손해졌다. 그때 만약 내가 "내가 왜 당신에게 그런 말을 들어야 하죠?" 하며 화를 냈거나 그들 말을 받아들이면서 "미안합니다."를 연발했다면 카드 회사 직원은 "제때 빚도 못 갚는 주제에……." 하며 더욱 거친 말을 했을 것이다.

비난을 비난으로 맞받으면 비난의 수위만 높아지고 갈등만 커진다. 따라서 비난을 참기 어려우면 직설적으로 화를 내지 말고, 비난을 받지 않아도 될 분명한 이유를 당당한 목소리로 설명해야 한다. 비난하는 사람은 자신이 맡은 일에 충실해야 한다는 명분에 사로잡혀 자신이 타인을 지나치게 비난하고 있다는 사실을 깨닫지 못하고 함부로 말하는 경우가 많다. 그러므로 당신이 그 정도의 비난까지는 받지 않아도 된다는 점을 객관적으로 설명해줄 필요가 있다.

가족간에는 비난도 사랑의 범주에 속하는 경우가 많아 너무 객관적으로 말하면 오히려 상대방에게 무시당했다는 느낌을 줄 수 있다. 이 경우에는 상대방이 나를 비난하기 전에 "저런 또 내 건망증이 도졌군." "또 일 저질렀는데 죽이고 싶으면 죽여."라고 미리부터 눙치는 것이 좋다. 가족 동반 외출을 하면서 열쇠를 방 안에 둔 채 문을 잠갔다거나, 자동차 열쇠 둔 곳을 기억하지 못해 약속 시간에 늦었을 때 배우자 앞에서 미리 "나는 왜 항상 이러는지 몰라."라고 말하면서 의기소침해하면 당신의 배우자는 "걱정하지 말고 천천히 찾아봐."라고 말할 것이다.

24

내 말을 귀담아듣지
않는 사람 이기는 법

말을 들어준다는 것은 상대방을 존중해준다는 또 다른 메시지를 갖는다. 그 때문에 상대방이 당신의 말을 귀담아들어주지 않으면 무시당했다는 느낌을 갖게 된다. 어떤 사람은 중요한 말을 하는 중에 제3의 인물에게 말을 걸거나 전화를 걸기도 한다. 심지어 서울대학교 입시 면접에서 면접을 맡은 교수가 중간에 휴대 전화를 받았다는 시비에 휘말릴 만큼 우리나라에는 남의 말을 열심히 듣지 않는 사람들이 많다.

그러나 남의 말을 귀담아듣지 않는 사람도 말하는 사람이 영향력이 있다면 그의 말에 귀 기울일 수밖에 없다. 그리고 말에 힘을 싣고, 군더더기 말을 없애고, 핵심만 추려서 말하면 누구나 귀담아들을 것이다. 특히 중요한 말은 쓸데없이 웃지 말고 해야 열심히 듣는다. 손등에 펜을 올려놓고 돌리거나 고개를 좌우로 흔들거나 눈을 자주 깜빡이지 말아야 한다. 고개를 똑바로 들고 상대방의 눈을 쳐다보면서 말하면, 상대방도 당신의 기세에 눌려 귀를 기울일 것이다. 특히 중요한 내용은 미리 내용을 준비해서 말해야 소홀히 듣지 않는다.

남의 말에 귀를 기울이지 않는 사람은 상대방의 말에 흥미가 없거나, 상대방의 말이 귀찮거나, 상대방의 존재를 무시하기 때문이다. 그러므로 무시당하지 않으려면, 간단하게 말하면서 간간이 침묵을 지켜 주의를 집중시키는 것이 좋다. 독일 병정처럼 무뚝뚝하게 말할 필요는 없지만, 매사에 미소를 띠며 부드럽게 말하려고 애쓸 필요도 없다.

힘있게 말할 자신이 없다면 중요한 말은 시각 자료나 문서를 사용해서 전하는 것이 좋다. 만약 당신이 당신 말에 귀 기울이지 않는 사람을 상대로 영업을 해야 한다면, 시각 자료를 곁들이면 이 문제를 해결할 수 있을 것이다.

25

차별 대우하는 사람 이기는 법

당신이 남보다 뛰어난 사람이 아닐지라도 누군가에게 차별 대우를 받는다면 매우 화가 날 것이다. 그럼에도 겉으로 화를 내지 않는 것은 화가 나지 않아서가 아니라 대항할 용기가 없기 때문이다. 차별 대우가 일으킨 화는 너무나 지독해서 참으면 큰 병이 날 수도 있다. 그러므로 당신이 만약 누군가에게 차별 대우를 받아 마음에 고통을 느낀다면, 참지 말고 당당하게 "나는 당신에게 차별 대우를 받는 것이 싫다."고 말해야 한다.

당신을 차별 대우하는 사람이 당신의 상사, 동료, 부모 등 가까운 사람들이라면 의외로 "별 생각 없이 한 행동이었다."

라는 대답을 들을 수 있을 것이다. 만약 상대방이 당신이 짐작한 대로 차별 대우를 해왔다면 당신에게 자기 속마음을 들켰다는 민망함 때문에 "무슨 소리야! 내가 언제 당신을 차별 대우했다고 그래?"라고 화를 내면서 자신의 속마음을 은폐하려고 할 것이다. 하지만 마음속으로는 당사자인 당신이 이미 자신의 속마음을 알아차렸다는 부담감 때문에 자기도 모르게 서서히 태도를 바꾸게 될 것이다.

지금까지 당신이 차별 대우를 받으면서도 상대방이 어떻게 받아들일지 몰라 자신의 불편한 심기를 드러내지 못하고 속으로만 고통을 받아왔다면, 이제부터는 더 이상 그럴 필요가 없다. 당신을 차별 대우하는 사람이 있으면 당당하게 만나, 당신에게도 정당한 대접을 받을 권리가 있음을 알려 그들이 더 이상 당신을 차별 대우하지 못하도록 해야 한다.

그런데 만약 당신이 외모와 옷차림이 세련되지 않았다고 해서 공공 장소에서 차별 대우를 받았다면, 차별한 당사자에게 "나를 차별 대우하지 말라."고 직접 항의하기는 어려울 것이다. 그 대신 당신이 그를 차별 대우해서 통쾌한 복수를 할 수는 있을 것이다.

호텔 도어맨이 당신의 고물 승용차를 보고 당신을 무시하는 눈초리로 바라보거나, 당신의 외모가 특이하다고 해서 사람들이 이상한 눈으로 바라볼 때, 당신은 쓸데없이 자신을 비하할 필요가 없다. 오히려 당당하게 당신을 차별 대우하는 그들을 차별해라. 당당한 당신의 태도에 그들은 당신을 차별 대우하는 것이 당신에게는 통하지 않는다는 사실을 깨닫게 될 것이다.

26

억지 쓰는 사람 이기는 법

　자기가 자동차 접촉 사고를 내고도 상대방 운전자에게 소리를 지르며 "당신이 끼어들었잖아!"라고 말하는 사람, 흔쾌히 결재를 하고도 결과가 나쁘면 기안을 올린 아랫사람에게 책임을 전가하는 상사, 고장 난 가전제품을 팔고도 소비자에게 "당신이 잘못 사용해서 고장 났다."라고 말하는 판매원 등 억지 쓰는 사람과 맞대응해서 불쾌했던 기억은 누구에게나 있을 것이다. 그러나 시비를 벌이는 것이 귀찮아서, 좋은 게 좋은 거라며 져주는 것이 낫다고 생각해 그들의 억지를 받아주는 사람들이 많다.

그러나 억지 잘 쓰는 동료나 가족과 같이 살면, 그들이 억지를 부릴 때마다 져줄 수는 없다. 그리고 억지 쓰는 사람을 이기기 어렵다고 해서 무조건 피하면 마음이 불편해서 정신 건강을 크게 해칠 수 있다. 그러므로 억지를 마찰 없이 피하는 방법을 찾아야 한다.

억지 잘 쓰는 사람은 자기에게 불리한 상황을 쉽게 상대방에게 전가한다. 따라서 그들의 억지를 정면으로 꺾으려고 해봤자 이길 수 없다. 그들이 억지를 부리도록 내버려두었다가 허점을 찾아 단 한마디로 공격해야 유쾌하게 이길 수 있다. 억지 부리는 사람의 말을 귀담아듣고 논리적인 모순을 찾아내 그 부분만 강하게 반박하면 된다.

한번은 서울 강남의 도산 사거리 옆 은행에서 일을 보고 나온 후 20미터 앞에 있는 좌회전 차선을 이용해 논현로로 좌회전하려다가 소형 승용차와 가벼운 접촉 사고를 낸 적이 있다. 내가 좌회전 차선으로 들어가기 위해 옆 차선으로 끼어드는데, 뒤에서 오던 소형 승용차가 양보하지 않고 갑자기 속력을 내는 바람에 내 차 앞 범퍼 좌측과 상대방 차 우측 앞 범퍼가 접촉하는 사고가 났다.

사고가 나자 20대 중반으로 보이는 상대방 운전자가 급히

문을 열고 나오더니 눈을 위아래로 굴리며 반말로 으름장을 놓았다. "아줌마, 그렇게 차를 들이대면 어떡해!" 나는 그의 기세에 기가 질렸다. 그는 나의 위축된 태도에 기가 살아 더욱 큰 소리로 "어떻게 물어낼래?"라며 여전히 반말로 소리를 질렀다. 생각 같아서는 "어디다 대고 반말이야!"라고 같이 소리를 지르고 싶었지만, 꾹 참으며 낮은 목소리로 "스프레이 있습니까?" 하고 물었다. 그러자 그는 "스프레이고 뭐고 아줌마가 잘못했잖아!"라고 말했다. 나는 더욱 목소리를 낮추어 "그럼 경찰을 부르지요." 하며 휴대 전화를 열었다. 그러자 그는 내 휴대 전화를 빼앗으려 하며 "아줌마 나 시간 없어. 빨리 결정 보고 맙시다."라고 독촉했다.

나는 더 이상 참을 수가 없어 반말로 "나도 시간이 없기는 마찬가지야. 당신이 잘했다고 벅벅 우기니까 정확하게 잘잘못을 가려야 할 거 아냐?"라고 또박또박 말했다. 그러자 그는 약간 놀라는 듯하더니 "그런데 이 아줌마가 왜 반말이야?" 하며 엉뚱하게 내 말투를 트집 잡았다. 차는 밀리고 뒤 차들은 모두 이 광경에 눈을 흘기며 지나갔다. 이러한 상황 때문에 나는 하마터면 좋은 게 좋은 거라며 그의 말을 받아들일 뻔했지만, 그 남자의 건방진 태도를 받아들일 수 없어 "당신이 반말하는데

나만 계속 존댓말 쓸 이유가 없지."라고 대꾸했다.

그때 마침 혼잡한 자동차 사이를 뚫고 누군가가 자기 차에서 흰 스프레이를 들고 와서 양쪽 자동차 바퀴에 선을 그어주면서 서로 명함을 교환하라고 했다. 나는 내가 가입한 보험회사에 이 사실을 알렸다. 그런데도 그 남자는 사고 현장에서 내가 불안해하던 것을 약점 삼아 나에게 전화를 해서 "아줌마가 잘못했으니까, 아줌마가 내 차를 고쳐놓아요!"라는 협박을 해댔다. 나는 "그럼 같이 경찰서에 가서 시비를 가려보자. 내일 낮 2시까지 강남경찰서에서 보자."고 말했다. 그제야 그는 협박을 그만두었다.

이처럼 억지를 부리는 사람은 자신의 잘못을 인정하지 않고 최대한 모든 잘못을 상대방에게 뒤집어씌우려고 한다. 그들은 억지 쓰는 것에 익숙한 사람들이어서 그들과 똑같이 소리를 지르고 욕하는 방법으로는 이길 수 없다. 엉터리 물건을 팔고 소비자에게 책임을 전가하는 상인과 싸우면서 힘을 뺄 것이 아니라 소비자 보호원에 판결을 요청하면 해결되고, 상사가 결재를 하고도 기안자에게 책임을 물리면 결재자가 누구인지를 은근히 알려 책임 소재가 밝혀지게 하는 것이 현명하다.

물론 이때 억지 부리는 상사에게 대놓고 "결재하셨잖아요."

라고 말하면 부작용이 생길 수 있기 때문에, 그 사실이 문제의 상사보다 더 상급자의 귀에 들어가도록 은밀하게 소문을 퍼트려야 위기를 모면할 수 있다.

독일의 법철학자 예링은 "권리 위에 잠자는 자는 구제하지 않는다."라고 말했다. 자기 권리는 자기가 찾는다는 자립적인 생각이 유쾌하게 이길 수 있는 힘이 된다.

27

우유부단한 사람 이기는 법

    화를 잘 내는 사람보다 우유부단한 사람이 더 많은 스트레스를 준다. 당사자에게는 급한 일도 우유부단한 사람은 결정적인 순간에 우물쭈물해서 김을 빼며, 이미 결정한 일도 자주 번복하기 때문이다.

    우유부단한 사람은 계산이 빠르지만 재빠르게 손익계산을 끝내고도 체면을 중시해 자신의 계산적인 속셈은 전혀 드러내지 않는다. 그 때문에 부모나 상사, 동료, 그 밖에 비즈니스로 만난 사람 중에 우유부단한 사람이 있으면 중요한 결정을 속 시원히 내리지 않아 성질 급한 사람이 결단을 종용하기 쉽다.

그러나 그 일을 수행한 다음 책임이 뒤따르면 결단을 종용한 사람이 그 책임을 뒤집어쓰게 된다.

따라서 우유부단한 사람과 비즈니스 관계에 얽히면 답답하더라도 성급하게 먼저 결론을 내지 말고, 그 자신이 스스로 결정을 내리도록 부추기는 것이 낫다. 우유부단한 사람은 의외로 계산적이기 때문에, 그 자신에게도 큰 이익이 돌아온다는 점, 잘못하면 큰 손해를 볼 것이라는 점을 강조하면 결정을 앞당길 수 있다.

가전제품을 수출하는 대기업에 근무하는 김양도 씨는 담당 부장의 우유부단한 태도 때문에 수출에 차질을 빚었는데, 책임은 자신에게 떨어져 곤란한 처지에 놓였다. 회사에서는 최근 동구권 시장을 개척하기로 하고 김양도 씨를 파견해 현지 조사를 마쳤다. 그는 현지 조사를 마치고 돌아온 후 동구권 시장을 노리는 미국과 일본, 유럽 등의 회사들이 많아 시장을 선점하는 것이 중요하다는 확신을 갖고 의견을 내놓았다. 그런데 담당 부장은 "시장을 선점하려면 광고비가 많이 들 텐데요……." "그쪽 사람들이 좋아하는 작동 방법을 사용해야 할 텐데요……." 등의 문제점만 지적하고 결론을 내지 않았다. 그 부장은 평소에도 결단력이 없어 소속 직원들의 미움을 받고 있었다.

그러나 김양도 씨는 동구권 시장에서 그들과 경쟁하려면 시장을 선점하는 수밖에 없다는 강한 신념을 가지고 있었다. 그래서 결정을 못 내리고 우물쭈물하는 부장을 밀어붙여 "일단 내보내기로 하지요."라고 말해 제품을 수출하기로 했다. 그러나 너무 서두는 바람에 상품이 잘 알려지지 않아 판매가 부진하자, 부장은 그에게 "당신이 그렇게 하자고 해서 결정한 일"이라며 문책했다. 김양도 씨는 부장이 자신의 의견을 듣는 자리에서 현지 시장 조사에 이런 것이 빠졌으니 보충하라거나, 이런 문제는 더 보완해야 시장에 내보낼 수 있다는 등의 의견 제시도 하지 않고 계속해서 "글쎄……."라고만 반응해놓고는 책임만 지운다고 울화통을 터뜨렸다.

우유부단한 사람은 책임질 일을 피하는 것이 먼저이므로 남들에게는 급한 일도 자기 자신에게는 그다지 급하지 않다. 그러나 자기에게 무거운 책임이 돌아온다는 사실이 명백해지면 좀더 빠르게 움직인다. 따라서 당신이 김양도 씨와 같은 처지에 놓인다면 "출시가 늦어져서 손해를 보면 부장님이 책임지시겠습니까?"라고 말해 부장 스스로 결정을 앞당기도록 해야 한다.

상대방이 우유부단하다고 해서 그를 무시하고 일방적으로 결정을 내리거나, 그가 스스로 결단을 내리지 않고 타의에 의해 결단을 내렸다는 핑계를 댈 여지를 만들면 반드시 무기가 되어 당신을 공격할 수 있다.

그러므로 우유부단한 사람에게는 "당신이 모든 책임을 져야 한다."는 점을 크게 부각시켜 스스로 결정을 내리도록 종용하고, 그가 스스로 결론을 낼 때까지 기다려야 한다. 그러려면 "급합니다. 빨리 결정하십시오." 등의 독촉하는 말을 삼가고, 반대로 "신중하게 생각하십시오. 그러나 결정을 미루면 더 큰 문제가 발생할 것입니다."라고 말하는 것이 효과적이다.

2장

상황을 이기는 법

28

사내 연인과 헤어진 후
같은 부서에 배치받았을 때

　젊은 직장인들은 거의 모든 시간을 직장에서 보내기 때문에 외부에서 이성을 만날 시간이 별로 없다. 대신 사내에서는 단체 회식, 체육 대회 등 또래 이성을 업무 외적으로 만날 가능성이 높다. 그 때문인지 요즘 부쩍 사내 커플이 많아졌다.

　직장 내 연애는 여러 가지 이점이 있지만, 연애가 깨졌을 때는 처신에 따라 큰 후유증을 남길 수 있다. 타부서 사원과 연애를 하더라도 부서 이동으로 언제 같은 부서 직원이 될지 모르기 때문에, 사내 연애가 불발로 끝나면 반드시 관계를 분명하게 정리해두어야만 헤어진 연인을 다시 만나도 자연스럽게 대할 수 있다. 서양인들은 이혼한 배우자와도 친구처럼 지내지만, 우리 사회에서는 연애하다가 헤어지면 원수가 되는 경향이 많아 이러한 뒤처리는 매우 중요하다.

유통업체의 디자이너로 근무하는 김혜인 씨는 2년 전 사내 홍보 부서에 근무하는 성재경 씨를 전 직원이 함께 참여한 MT에서 만나 짝사랑을 하게 되었다. 석 달 전에 '나 너 좋아한다.'는 문자 메시지를 보내 데이트 신청을 받았다. 그 후부터 두 사람은 진한 연애를 시작했다.

새해가 되자 서른을 앞둔 김혜인 씨는 집안의 결혼 독촉에 시달렸다. 그러나 동갑내기인 성재경 씨는 그녀가 은근히 결혼 말을 꺼내자 아직 결혼은 생각하고 싶지 않다는 분명한 태도를 보였다.

김혜인 씨는 그가 자기를 결혼할 만큼 좋아한 것은 아니라는 사실을 확인한 것 같아서 괴로웠다. 그래서 고민 끝에 그에 대한 미련을 버리고 소개팅으로 다른 사람을 만나기로 했다. 다행히 소개팅으로 만난 사람이 마음에 들어, 그와 헤어진 상처가 아물기 시작했다.

그런데 부서 개편으로 홍보실과 디자인실이 합쳐졌다. 김혜인 씨는 성재경 씨를 다시 만나자 자기도 모르게 가슴이 뛰었다. 그녀는 여전히 그를 사랑하고 있었던 것이다. 그녀는 부서 통합 기념 회식 자리에서 성재경 씨를 자연스럽게 대하지 못하고 안절부절못했다. 그녀는 그와 같은 사무실에서 일하게 될 앞으로의 일이 걱정되었다.

당신이 만약 김혜인 씨와 같은 처지에 놓인다면, 성재경 씨가 부서에 배치되기 전에 따로 만나 사내에서의 관계를 분명히 청산했음을 선언해야 한다. 당신이 헤어진 연인에게 "이제부터 우리는 친한 친구로 지냅시다."라고 선언하는 순간, 자신의 마음도 정리된다.

심리학자들은, 사람은 어떤 말을 내뱉으면 그 말에 따라 마음이 달라질 수 있다고 말한다. 타인 앞에서 중대한 결심을 선언하는 것은 남에게 자신의 생각을 전할 뿐만 아니라, 자기 자신에게도 생각을 정리하도록 해주는 효과가 있다. 따라서 이러한 선언은 '다시 사랑이 이어지지 않을까' 하는 미련의 끈을 끊는 중요한 계기가 된다.

그러나 이러한 선언도 행동이 따르지 않으면 소용이 없다. 따라서 이러한 선언을 한 후부터는 그와 사무실에서 사적인 농담을 하거나 따로 만나 식사하는 것을 의도적으로 삼가야 한다. 사적인 만남을 피하고, 다른 직원들과 함께 공통 화제로

대화를 나누고, 업무적인 부탁도 하다보면 남의 눈에도 자연스러워 보일 것이다. 그렇게 하는 것이 두 사람 모두의 회사 생활을 편안하게 만들어줄 것이다.

29

원하지 않는 사람이 애정 표현을 할 때

원하지 않는 사람이 애정 표현을 하면 누구나 매우 당혹스러울 것이다. 그러나 애정 표현은 대단한 용기가 필요한 일이어서, 잘못 거절하면 상대방에게 모욕감을 주어 무서운 보복을 당할 수도 있기 때문에 처리를 잘해야 한다.

원하지 않는 애정 표현을 거절하기 어려운 이유는, 애정은 강한 에너지를 가진 감정이기 때문에 미온적인 방법으로는 자신이 원하는 메시지를 전할 수 없고, 민망할 정도로 강하게 거부하면 상대방은 용서할 수 없는 모욕을 받았다고 받아들이기 때문이다. 그래서 원치 않는 애정 표현은 조용히 그러나 강경하게 거절해야 한다.

내가 강원도에서 근무할 때, 막 사법연수원을 수료하고 첫 발령을 받아 온 한 총각 판사가 연상의 이혼녀인 하숙집 가정부의 일방적인 애정 표현을 물리치지 못해 결혼한 일이 있었다. 순진한 총각 판사는 가정부의 협박과 회유가 두려워 인생의 중대사인 결혼을 타의에 의해 결정하고 만 것이다. 약 20년 전에 일어났던 일이었는데, 당시 시내 전체의 화젯거리였다.

애정이란 이상한 속성을 가지고 있어서 어느 한쪽이 거부하면 다른 한쪽의 집착이 더욱 강해진다. 따라서 일방적인 애정 표현을 잘못 대응하면 상대방의 집착을 강화시켜 인생을 파국으로 몰고 갈 수 있다.

원치 않는 애정 표현을 단호하게 거절하면 인간관계는 해칠망정 자기 인생을 망치지는 않는다. 그러나 미온적으로 대응하는 사람은 원치 않는 성관계나 결혼으로 자신의 인생을 망칠 수 있다.

장황한 이유 혹은 핑계를 대거나 미안해하면 거절의 의미가 제대로 전달되지 않는다. 당신이 "나는 당신의 사랑을 받아들일 자격이 없다." 혹은 "지금은 그런 것을 생각해볼 때가 아니다." 등으로 핑계를 대면, 상대방은 "당신은 충분히 자격이 있다.""지금부터 생각해보면 된다." 등으로 더 강한 의지를 표현해 당신을 더욱 궁지로 몰아넣을 것이다. 상대방은 당신이 핑계를 대거나 상황을 장황하게 설명하면 '쑥스러워서 겉으로는 내 애정 표현을 거절하지만 속으로는 좋아한다.'고 오해하게 된다.

그러므로 상대방이 원하지 않는 애정 표현을 하면 그 자리에서 즉흥적으로 화를 내며 해결하려고 하지 말고, 따로 자리를 마련해 공식적인 어조로 "당신의 호의는 감사하지만 나는 당신에게 이성적인 매력을 느끼지 못한다."라고 분명하게 말해야 강한 메시지를 전할 수 있다. 그럼에도 불구하고 상대방이 "열 번 찍어 안 넘어가는 나무 없다. 반드시 너를 차지하겠다."고 우기면 차가운 목소리로 톤을 낮추어서 "절대 그런 일이 없을 것이다."라고 못을 박아야 한다.

또한 단호하게 거절하고도 행동이 호의적이면, 상대방은 당신이 속으로는 자기의 애정 표현을 받아들이고 있다고 오해할 것이다. 따라서 원치 않는 애정 표현을 거절한 다음에는 농담을 주고받거나 필요 이상으로 화를 내거나, 또 필요 이상으로 상대방을 배려하지 말아야 당신의 뜻이 분명히 전달된다.

애정 표현은 요란스럽게 거절당할수록 모욕감을 크게 느끼기 때문에, 제3자가 눈치 채지 못하게 조용히 해결할수록 빨리 끝낼 수 있다.

애정이란 용암과 같은 힘을 가지고 있어서 하나의 통로가 막히면 다른 길을 뚫고 나간다. 다른 길이란 다른 지형보다 낮고, 어느 정도는 길의 윤곽을 갖추고 있는 곳이다. 원치 않는 애정 표현을 유쾌하게 차단하려면 애정이라는 마그마가 뚫을 수 있는 길의 윤곽을 만들지 말아야 한다.

30
배우자가 싫은 행동을 할 때

    호화로운 결혼식으로 수많은 사람들의 관심을 불러모은 부부도 부대끼며 살다보면 배우자의 행동이 마음에 들지 않아 이혼으로 종지부를 찍을 수 있다. 집안 살림을 등한시하고 자기 외모만 가꾸는 아내, 가족은 아랑곳하지 않고 친구들하고만 어울리는 남편, 하루 종일 전화로 수다만 떠는 아내, 하루도 빠지지 않고 술에 취해 귀가하는 남편, 아침밥을 차려주지 않고 늦잠만 자는 아내, 가족의 생일이 언제인지 결혼기념일이 지나갔는지도 모르는 남편, 밥하는 날보다 시켜 먹는 날이 더 많은 아내, 친구 술값이 월급만큼 나가는 남편 등 배우자에

대한 불만은 셀 수 없을 만큼 많다. 배우자의 칫솔질 하는 방법이나 양말 벗는 버릇, 화장하는 법이나 옷 벗는 법까지 일일이 평가해보면 마음에 드는 행동보다 마음에 들지 않는 행동이 더 많을 것이다.

부부는 자라온 환경이 다르고, 부모가 다르고, 고향이 다르고, 출신 학교가 다르고, 하는 일이 다르고, 성(性)도 다르기 때문에 아무리 사이가 좋은 커플도 배우자의 행동이 다 마음에 들기는 어렵다. 따라서 배우자가 나와 똑같아야 한다는 생각을 버려야 배우자의 싫은 행동을 참을 수 있다.

배우자의 칫솔질 하는 방법이나 화장하는 법, 옷 벗는 방법 등 가정 유지와 직접적인 관계가 없는 사소한 행동까지 싫다고 말하면 정작 가정 유지를 어렵게 만드는 지나친 외출, 음주, 외식 버릇 등도 바로잡지 못해 가정을 파탄에 이르게 할 수 있다.

따라서 당신이 도저히 견딜 수 없는 배우자의 싫은 행동 중 중요한 것들만 뽑아 왜 싫은지를 설명하고 고쳐주도록 요청해야 한다. 밑도 끝도 없이 "왜 그 모양이야?" 혹은 "내가 못 살아!"와 같은 한탄, "당장 그만두지 못해!" 등 추상적인 불평만 늘어놓으면 배우자는 당신 말에 귀를 기울이지 않을 것이다.

그러나 '말하나마나야' 하며 포기해버리고 배우자의 도저

히 참을 수 없는 싫은 행동을 보아 넘기면 심한 스트레스로 정신 건강을 해쳐 가정 파괴까지 갈 수 있다. 따라서 당신은 배우자에게 직접 당신의 그 행동이 왜 싫으며, 어떻게 바꾸어주기를 원하는지 구체적으로 밝히는 것이 현명하다. 그렇게 했는데도 고쳐지지 않으면, 몇 차례 경고를 한 다음 강한 제재를 가할 필요가 있다. 예컨대 아내가 살림은 안 하고 외모만 가꾸면 아내가 쓸 수 있는 돈을 끊어버리는 방법으로 대응하라는 것이다. 이런 최후의 방법을 사용할 때는 아내가 무슨 변명을 해도 들어주지 않고 경고 내용대로 행동해야 효과를 볼 수 있다.

중요한 것은 배우자의 싫은 행동 중 사소한 것은 눈감아주고, 가정 평화를 깰 만한 것들만 골라 그것이 왜 문제인지 말해 스스로 고치도록 하는 것이다.

31

부모님이 내 연인을 헐뜯을 때

    부모는 누구나 자기 자식을 과대평가하게 마련이다. 그래서 자식이 어떤 이성을 사귀어도 자식의 상대로는 미흡하다고 생각한다. 그 때문에 자식의 이성 친구가 부모의 기준에 미치지 못하면 무슨 수를 써서라도 두 사람을 떼어놓으려고 하는 것이다. 그 때문에 자식이 부모를 저버리고 연인만 싸고돌면 부모는 배신감을 느껴 자식마저 적대적으로 대하게 된다.

    대기업 해외 주재원인 소석진 씨는 업무에 쫓겨 36세가 되도록 결혼을 못하다가 1년 전부터 세 살 위의 이혼녀와 결혼을 전제로 사귀기 시작했다. 초등학교 교사인 그녀에게는 두 딸이 있고, 박봉으로 가난한 친정 부모님도 모시고 산다. 소석진 씨는 명문대 출신이며 남들이 부러워하는 대기업의 해외 주재원이다. 대학 교수인 아버지는 매우 꼬장꼬장한 분이고, 어머니는 바깥일은 잘 모르는 순박한 분이다. 소석진 씨가 막내라고는 하지만 집안 분위기로 보아 절대 이루어질 수 없는 결혼이었다.

그런데도 그는 막무가내로 애인을 부모님께 선보였다. 아버지는 입을 꾹 다문 채 말을 아끼셨고, 어머니는 기막힌 표정을 지으셨다. 아버지는 마땅치는 않아도 품위를 지키며 두 사람을 떼어놓을 생각이셨지만, 어머니는 노골적으로 결혼을 반대하며 아들에게 그녀에 대한 험담을 늘어놓으셨다. 소석진 씨는 어머니가 조금이라도 그녀를 좋아해주기를 바라는 마음으로 끊임없이 그녀를 변호했지만, 그럴수록 어머니는 그녀를 더욱 싫어했다.

싫은 사람을 옹호하면 더 미운 법이다. 그러므로 부모님이 내 연인에 대한 험담을 늘어놓으시면 변호하려고 애쓰지 말고 묵묵히 들어드리는 것이 낫다. 사람은 누구나 남을 헐뜯고 나면 마음이 편치 않기 때문에, 부모님이 당신 애인에 대해 실컷 험담을 하도록 놔두면 오히려 마음으로는 당신 애인에 대해 미

안해하실 것이다. 이때를 기다렸다가 "결혼은 몇 월 몇 일에 하겠습니다!"라고 자신의 결정을 알려드리면, 처음에는 무섭게 화를 내시겠지만 결국에는 당신의 뜻을 받아들이실 것이다.

결혼을 반대하는 부모와 자녀의 갈등은, 부모의 반대를 부당하게 몰아붙이는 자식의 태도가 부모에게 씻을 수 없는 상처를 주기 때문이다.

결혼한 남자들도 어머니와 아내 사이간의 교통정리를 잘하려면, 아내가 어머니를 헐뜯거나 어머니가 아내를 헐뜯어도 절대 헐뜯는 대상을 변호하며 감싸지 말아야 갈등이 확대되는 것을 막을 수 있다.

부모님도 자기 마음에 들지 않는 자식의 애인을 받아들이려면 시간이 필요하다. 그러므로 단 한 번의 만남으로 부모님이 당신 애인을 마음에 들어하지 않는다고 성화를 부릴 것이 아니라, 부모님의 마음이 움직일 때까지 기다리는 인내심을 가져야 한다.

32

연인의 부모님과 친해지고 싶을 때

결혼은 두 사람이 만나 하나의 가정을 이루는 단
순한 결합이 아니다. 가족과 가족이 결합되는 복
잡한 사회적 계약이다. 따라서 두 연인간의 사랑 외에도 가족
과의 화합이 동반되어야 한다. 그래서 현명한 젊은이들은 결
혼 전에 연인의 부모님에게 잘 보일 궁리를 한다. 그러나 방법
이 서툴러 성공률은 낮은 편이다. 자기 부모님과 성격, 철학,
살아온 방법 등이 전혀 다른 연인의 부모님을 사전 조사 없이
무조건 접근하기 때문이다.

배우자의 부모님은 다른 방식으로 자란 타인을 가족처럼 대

해야 하기 때문에, 당신의 존재가 부담스러울 수밖에 없다. 따라서 배우자의 부모님과 친해지고 싶으면 배우자 부모님의 성격, 자녀 양육법, 삶의 철학, 습관, 좋아하는 것과 싫어하는 것 등을 사전에 알아낸 후 접근해야 한다.

당신이 연인을 만날 때는 서로의 감정이 통했기 때문이지만, 연인의 부모님은 당신을 단지 자식이 좋아하는 사람이라는 이유만으로 받아들여야 하기 때문에 처음부터 당신에게 호의를 갖기가 어렵다. 당신이 만약 연인의 부모님이 생각하는 여러 가지 사회적 기준에 미치지 못한다면 연인의 부모님은 당신을 더욱 환영할 수 없을 것이다. 따라서 당신은 연인의 부모님이 당신의 부모님처럼 당신의 어떤 허물도 덮어주고 귀엽게 봐줄 거라는 기대는 하지 않는 것이 좋다. 대신 연인의 마음이 열리기까지 많은 공을 들였듯, 연인의 부모님의 마음도 그 못지않은 공을 들여야 열린다는 점을 잊지 않으면 원하는 목적을 이룰 수 있다.

연인의 부모님과 친해지는 유일한 방법은, 그분들의 살아온 방식과 문화를 찾아 그에 맞게 대화하는 것이다. 따라서 연인의 부모님과 친해지려면 조급하게 말부터 틀 것이 아니라, 그분들의 문화부터 알아내는 것이 좋다.

33

배우자 부모님과 불화가 일어났을 때

배우자 부모님의 반대를 무릅쓰고 결혼하면 결혼 후에도 배우자 부모님과 많은 갈등을 일으키게 된다. 남자들은 제도적으로 처가와 가까이 지내지 않아도 되기 때문에 처가와의 불화가 그리 큰 문제가 되지는 않는다. 그러나 여자는 남편 가문으로 옮겨가 집안일에 일일이 관여해야 하는 처지이기 때문에 남자와는 입장이 크게 다르다. 결혼한 여성들이 시부모와의 갈등에 시달리는 가장 큰 원인은, 자기 자신이 남의 집으로 옮겨온 불리한 입장에 서 있다는 점을 크게 생각해 시부모님께 솔직한 느낌을 말할 수 없다고 생각하기 때문이다.

시부모님의 행동이 이해되지 않으면 "이해가 잘 안 됩니다."라고 말하지 못하고 혼자 곡해하거나, 남편의 힘을 빌려 강압적으로 해결하려고 하기 때문에 더욱 꼬이는 것이다. 시부모님이 고약한 성격을 가진 분들이라고 하더라도, 며느리인 당신이 자기 생각을 솔직하게 말하면 갈등은 좀더 빨리 해결될 것이다.

시어머니의 반대를 무릅쓰고 결혼해 3년이 된 최경진 씨는 두 살짜리 딸애가 심한 독감에 걸려서 사촌동서 아이의 돌잔치에 참석하지 못했다. 행사를 마치고 돌아온 큰동서는 최경진 씨에게 그날의 상황을 전화로 알려왔다. 모든 친척들이 최경진 씨가 참석하지 않은 것을 흉보며 시어머니를 공격했다고 한다. 그런데 시어머니조차 돌잔치 가는 길에 시아버지 산소에 들르기로 했는데 며느리가 빠졌다며 친척들과 같이 분개하셨다고 한다. 최경진 씨는 아무리 미운 며느리라도 시어머니라면 친척들이 당신 며느리 흉을 볼 때 "애가 아프다잖아." 하며 감싸주는 것이 정상인데, 결혼한 지 3년이나 지났고 딸애까지 있음에도 시어머니가 여전히 자신을 가족으로 인정하지 않기 때문에 그렇게 말했을 것이라며 매우 섭섭해했다.

서로 다른 문화권에서 살아왔기에 세대와 성격 차까지 큰 시어머니와 며느리는 남편 또는 아들이라는 한 남자의 애정을 나눠 가져야 하기 때문에 그 어떤 관계보다 갈등이 생기기 쉬운 관계다. 또한 시어머니의 반대를 무릅쓰고 결혼했다면 지배권은 시어머니에게 있게 마련이다. 분명한 것은 애꿎은 남편에게 불평을 늘어놓아 보았자 문제가 해결되기는커녕 남편까지 시어머니 쪽으로 돌아서 불행을 자초할 가능성이 높다는 것이다.

이러한 상황을 이기려면, 시어머니와 가장 가까운 관계에 놓여 있는 남편을 괴롭혀 남편 마음조차 시어머니에게로 돌아서게 할 것이 아니라, 당신 자신이 직접 시어머니와 당당하게 담판을 짓는 것이 낫다. 며느리가 시어머니와의 커뮤니케이션에서 성공하려면, 시어머니의 말을 무조건 감정적으로 해석하지 말고, 무엇보다 감정을 앞세우지 말아야 한다.

당신이 만약 최경진 씨와 같은 처지에 놓인다면 동서가 전해준 말만 듣고 시어머니의 행동을 판단할 것이 아니라, 시어머니에게 직접 "제가 참석을 못해서 어머님이 힘드셨다면서요."라고 정중하게 사과를 한 후 "그럴 때 어머님이 저를 감싸주실 줄 알았는데요."라고 솔직한 심정을 말하는 것이 좋다. 며느리가 자기 생각을 당당하게 밝히면 시어머니가 며느리의 생각을 읽을 수 있지만, 그렇지 않고 혼자 자기 식의 해석을 하면 시어머니도 며느리에 대한 고정관념 속에서 며느리의 태도와 말을 해석하게 돼 또 다른 오해를 불러일으킨다. 결국 갈등은 더 큰 갈등을 불러올 것이다.

그러므로 배우자 부모님과의 갈등은 제3자인 배우자를 내세우지 말고, 당사자인 당신이 부모님께 직접 솔직한 생각을 당당하고 정중하게 말해 해결하는 것이 현명하다.

34

다 자란 후에도
부모가 어린애 취급을 할 때

80세 노부모가 60세 아들에게 "차 조심해라."라고 말씀하시는 것이 자연스럽듯, 부모 눈에는 자녀가 아무리 장성해도 물가에 내놓은 어린애로 보이는 법이다. 자녀가 결혼하고 일가를 이루어도 부모의 생각은 쉽게 바뀌지 않는다. 그래서 어떤 부모님은 자식의 결혼 문제는 물론 결혼 후 육아 문제까지 간섭해 장성한 자식과 갈등을 빚는다.

부모는 간섭하는 것이 사랑의 표현이라고 믿기 때문에, 자식이 부모의 간섭을 거부하면 부모의 사랑을 거부한다고 받아들인다. 따라서 부모님의 잔소리는 무조건 거부할 것이 아니라, 부모님과 협상을 해서 가이드라인을 그어 한계를 지어두는 것이 좋다.

부모님과의 협상에서 성공하려면, 부모님의 간섭이 마음에 들지 않더라도 일단은 받아들이고 부부 문제, 육아 문제, 직장 문제 등 부모님의 간섭을 받아들일 수 없는 부분만 골라 단호하게 "이제 저도 나이가 있으니까 저에게 맡겨주세요."라고 한계를 긋는 것이 좋다. 또 부모님은 자식이 단도직입적으로 정색을 하며 자신의 간섭을 거부하면 섭섭해하시기 때문에, 가벼운 화제로 분위기를 부드럽게 만든 다음 자식인 당신의 입장을 밝히고 당당하게 "이 부분은 저희에게 맡겨주십시오." 라고 말해야 한다.

알고 보면 부모님 자신도 다 자란 자식 일에 어디까지 이래라 저래라 할 수 있는지에 대해 자신이 없다. 그저 자기 마음이 시키는 대로 간섭하실 뿐이어서, 자식이 진지하게 조목조목 설명하면 막무가내로 거부하지는 못하실 것이다. 그러나 당신이 여전히 응석받이 자세로 그런 말을 하면 부모님은 '부모라면 당연히 자식의 몸짓과 표정만으로도 원하는 것을 알아차려야 한다.'고 생각해 당신 말을 진지하게 받아들이지 않으실는지도 모른다.

따라서 성숙한 자세로 부모님께 간섭의 가이드라인을 그어
드리는 것이 좋다.

35

형제가 일방적으로
경제적인 도움을 요청할 때

형제는 세상에서 가장 가까운 혈육이지만,
가장 치열한 라이벌이기도 하다. 어릴 때는
부모님 사랑을 더 많이 차지하려고 치열하게 다투고, 먹을 것
과 입을 것을 더 많이 차지하려고 무섭게 경쟁한다. 그러나 평
상시에는 한 몸처럼 지내는 진한 관계다. 그 때문에 일가를 이
루고 독립한 후에도 형제 중 한 명의 경제 형편이 어려워지면
당연히 다른 형제가 도울 거라고 믿기 쉬우며, 부모님도 은근
히 도와주라는 압력을 가하신다.

그러나 이미 독립한 형제는 독립적인 일가를 이루었기 때

문에 형제가 아닌 배우자의 눈치도 보아야 하고, 새로운 생활 패턴을 유지해야 하기 때문에 이미 독립한 형제를 돕는 데는 한계가 있다. 또 돈이 많은 사람은 많은 대로, 적은 사람은 적은 대로 일정한 돈의 흐름을 깰 수 없기 때문에 선뜻 돕기도 어렵다.

반면에 도움을 청하는 측에서는 형제끼리는 어려울 때 서로 돕는 것이 당연하다고 여겨, 도움을 거절당하면 매우 큰 상처를 받는다. 따라서 형제간에도 가급적 경제적인 도움을 주고받지 않는 것이 좋으며, 부득이 그럴 수 없을 때는 도움을 어디까지 수용하고 어디까지 거절할 것인지, 거절하려면 어떤 식으로 거절해야 하는지 등을 분명히 해두는 것이 좋다.

은행 차장인 이종규 씨는 직장에서도 잘 나가고, 아이들도 공부를 잘하며, 아내도 미인이어서 친구들의 부러움을 한 몸에 받고 있다. 그러나 그에게는 수시로 돈을 빌려달라며 손을 벌리는 형이 있어 남 모르는 고통을 당하고 있다. 그의 형은 어려서부터 학교 공부를 소홀히 하고 패싸움으로 소일해 부모님 속을 많이 태웠다. 결혼 후에도 일정한 직업 없이 사업을 한다며 부모님 재산을 다 털어먹었다.

그의 형은 부모님 재산이 바닥을 드러내자 동생에게 손을 뻗어 "조금만 더 투자하면 금방 일어날 수 있는 사업인데 지금 투자를 중단하면 그동안 들인 돈은 휴지가 돼."라고 애원했다. 이종규 씨는 어려서부터 형을 대신해 부모님의 사랑을 독차지한 것이 미안해 은행 대출을 받아서 형의 부탁을 들어주었다. 그런데 형은 5개월을 넘기지 못하고 다시 그를 찾아와 돈을 요구했다. 그는 불안해서 "형님, 이번이 마지막입니다."라고 해보았지만 그의 형은 6개월 단위로 그에게 큰돈을 요구했다. 그는 매번 형의 요구를 뿌리치지 못해 결국 빚더미에 앉고 말았다. 화가 난 그의 아내는 앞으로 한 번만 더 형에게 돈을 주면 집을 나가겠다는 최후 통첩을 했다.

당신이 만약 이종규 씨의 입장에 처한다면 처음부터 형의 요구를 무조건 다 들어주면 안 된다. 사업을 하면서 스스로 일으키지 못하고, 자주 부모나 형제의 도움을 청하는 사람들은 끝내 성공하지 못한다. 한 번 정도는 도와주어도 괜찮지만, 그 이상의 요구를 들어주면 다 같이 망하게 된다. 그렇다고 형제의 부탁을 무조건 거절하면 남보다 못한 관계가 되어버릴 것이다.

따라서 첫 부탁을 들어줄 때 엄격한 조건을 붙여 두 번 다시 같은 부탁을 하지 못하도록 하는 것이 좋다. 그러려면 "사업

계획서를 보여주면 고려해볼게." 또는 "수입 지출 내역을 보여줘."라고 말해 사업 계획서를 받은 다음 전문가의 분석을 받아 어느 정도를 도와줄 것인지를 객관적으로 정해서 알려준 후 요구한 것보다 적은 돈을 주는 것이 좋다. 돈을 줄 때도 "형이 진짜로 사업에 성공하려면 돈 문제는 깔끔해야 한다."고 못을 박고 차용증을 받아두어 돈을 허술하게 쓰면 다시는 빌려줄 수 없다는 분명한 메시지를 전해야 한다.

가족간에는 도와주고도 원망을 듣는 경우가 많다. 그래서 돈 거래가 오갈 때 처음부터 분명하게 선을 긋지 않으면 형제가 다 함께 망하거나 남보다 못한 관계로 전락할 수 있다.

36

자녀가 부모를 무시할 때

자식에게 컴퓨터 사용법을 물어야 할 때, 자식들이 다 알고 있는 인기 그룹 멤버의 이름이 기억나지 않을 때, 자식이 즐기는 컴퓨터 게임 내용을 이해할 수 없어 "그게 뭐니?"라고 묻자 자식으로부터 "몰라도 돼요."라는 대답을 들을 때, 자식이 묻는 말에 제때 대답하지 않을 때, 자식이 부모가 지시한 일을 자기 마음대로 바꾸어 해치웠을 때, 자식의 나이와 관계없이 부모는 자식에게 무시당했다는 느낌을 받는다.

요즘처럼 테크놀로지의 발달이 빠를 때는 세대간의 격차가 커져, 부모가 자식에게 의존해야 할 일이 많아져 부모는 더욱 자식에게 무시당했다는 기분을 느끼기가 쉽다. 그러나 그때마다 "너 나를 무시하는 거야, 뭐야!"라고 말하면 부모의 권위만 실추돼 자식이 진짜로 부모인 당신을 무시하게 될 것이다. 그렇다고 해서 마음속으로만 '이게 나를 무시하는군.'이라고 생각하며 참으면 자기도 모르게 자식을 불편하게 대해 둘 사이의 관계는 더욱 악화될 것이다. 부모는 자식을 위해서 자기 자신을 희생해왔다고 믿기 때문에, 자식에게 무시당한다는 느낌을 받으면 화부터 난다. 그러나 "내가 너를 어떻게 키웠는데……."등의 푸념을 늘어놓으면 자식은 부모가 부담스러워 피하고 싶어질 것이다.

그러므로 맨 처음 자식이 무시하는 느낌을 주었을 때 침착하고 냉정한 목소리로 "네가 그렇게 말하면 나는 네가 부모를 무시한 것 같아서 기분이 언짢다."라고 분명하게 말해주는 것이 좋다.

제대로 교육받은 자식이라면 부모인 당신이 자신의 심정을 차분하게 설명하면, 자신의 잘못을 깨닫고 "제 행동이 부모님께 그런 느낌을 주는 줄 몰랐습니다. 앞으로 조심하겠습니다."라고 말할 것이다.

부모 자식간은 가장 가까운 사이지만, 각기 다른 독립 인격

체이기 때문에 오해의 소지는 더 많다. 따라서 부모 자식간일
수록 상대방의 태도를 내 마음대로 해석하지 말고, 솔직한 심
정을 밝히고 오해를 풀어야 좋은 관계가 유지된다.

37
이웃집 사람이 떠들 때

우리나라의 전 국토가 아파트촌이 되어가고 있다. 아파트는 생활을 편리하게 해주지만, 여러 사람이 밀집된 장소에서 모여 살기 때문에 이웃과 잘 지내지 못하면 매우 불편하다. 특히 층간 방음 시설이 제대로 갖춰져 있지 않아 다른 집에서 나는 소리들이 다 들리기 때문에 이웃간의 시비도 잦다.

결혼 3년 차인 백자영 씨는 집 장만으로 들뜬 마음이 가라앉기도 전에 위층에 사는 사람들 때문에 심한 스트레스에 시달린다. 새벽 6시부터 시작해 하루 종일 아이들이 장난감 던지는 소리, 애들이 뛰고 구르는 소리로 소란스럽기 때문이다. 백자영 씨에게는 돌쟁이 아들이 있는데, 아기가 낮잠을 자려고 하면 위층 아이들이 떠들어서 잠들지 못하고 보채 여간 신경이 쓰이지 않는다. 위층 아이들이 사교성이 좋은지, 엄마가 마당발인지, 동네 아이들이 다 몰려와 위층이 마치 유치원이라도 되는 것처럼 항상 소란스럽다. 백자영 씨는 참다 못해 위층에 올라가서 아기 좀 재우려고 하니까 조용히 해달라고 했다. 그러자 그 집에 놀러온 다른 엄마들이 "애 키우면 다 그렇지 뭐, 그런 것 가지고 그래? 싫으면 이사 가면 될 거 아냐? 바짝 마른 걸 보니 어지간히 신경질이 많겠군." 하며 쑥덕거렸다. 백자영 씨는 어이가 없었지만 뾰족한 방법이 없어 그냥 내려왔다. 그러나 분노를 참을 수가 없었다.

이웃집에서 나는 심한 소음 때문에 수면과 정상적인 생활을 방해받으면 당신 자신이 직접 그 집을 방문해 불만을 털어놓을 필요는 없다. 이웃간에 얼굴을 붉혀봤자 인심만 잃을 뿐 문제 해결에는 전혀 도움이 안 된다. 이럴 때는 아파트 경비실이나 주민회 같은 곳에 말해 해결해달라고 하는 것이 좋다. 경비실에서 문제를 해결하지 못하면 아파트 관리실에 강하게 항의해야 한다.

미국에서도 아파트에 살면 소음 문제로 끊임없이 시비가 발

생한다. 재미있는 것은 이웃에게 더 친절한 사람이 이런 문제가 발생할 때마다 아파트 관리인들을 들볶는다는 것이다. 아파트 관리인은 주민의 불편을 해결해야 할 의무가 있기 때문에 보다 객관적으로 이 문제에 개입할 수 있다. 또 문제 해결에 대한 결과를 보고해야 하기 때문에 직접 나서는 것보다 문제를 쉽게 해결할 수 있을 것이다.

38

무례한 질문을 받았을 때

우리나라 사람들은 호기심이 많아서 낯선 사람에게도 대답하기 곤란한 사적인 질문을 많이 던진다. 나는 모 대기업 출강에서 수강자로부터 "강사님의 남편은 뭐 하는 분이세요?"와 같은 질문도 받아보았다. 결혼 전에는 "왜 시집 안 가?" 결혼후에는 "언제 아이 가질 거야?" "그 반지 얼마 짜리야?" "집이 몇 평이세요?" 등과 같은 공개하기 싫은 사적인 질문부터 "어젯밤 뭘 했길래 눈가가 처져 보여? 요즘 신경질이 느는 것 보니까 남편이 부실한 모양이지?"와 같은 성적 모욕을 느낄 만한 질문, 체중이 는 다음에는 "뭘 먹어서 그렇게 살이 쪘어?

지난번보다 더 쪘지?" 등의 기분 나쁜 질문까지 무수히 많이 받아보았다.

나는 토크 쇼에 출연한 연예인도 아니면서 오랫동안 이처럼 무례한 질문에도 반드시 답변을 해야 한다고 생각했다. 그러나 미국에 가서 커뮤니케이션 공부를 한 다음부터는 그럴 필요가 없다는 사실을 알게 되었다. 무례한 질문을 던지는 사람에게는 일일이 대답할 필요가 없으며, "그 질문에 꼭 대답해야 하나요?"라고 되물어 더 이상 무례한 질문을 하지 못하도록 차단해도 실례가 안 된다.

그래서 나는 이제 무례한 질문을 받으면 "왜 그렇게 궁금하시지요?"라고 반문하거나 "제가 살찐 걸 알려주셔서 감사합니다."라고 대답한다. 그것이 무례한 질문에 친절하게 답하느라 스트레스받지 않고, 간단한 말 한마디로 상대방을 공격하지 않고도 무례한 질문을 차단하는 방법이다.

39

싫은 부탁을 받았을 때

 싫은 일을 강요하는 사람들은 부탁을
잘 들어주면 끝없이 더 많은 것을 요구
한다. 딸의 생일날 야근을 바꾸어달라는 동료, 퇴근 시간 임박
해서 업무를 지시하는 상사, 돈을 빌려달라는 동창, 빚 보증을
서달라는 친척, 돈이 없는데 밥을 사달라는 후배, 이성 친구의
원하지 않는 식사 초대, 과다한 술자리를 요청하는 바이어 등
싫은 일을 거절하지 못하면 당신은 이처럼 싫은 일만 하며 일
생을 보내야 할지도 모른다.

당신이 그들의 부탁을 딱 부러지게 거절하지 못하는 한 그

들은 끊임없이 당신에게 싫은 일을 강요할 것이기 때문이다. 그들은 당신이 싫은 건 싫다고 말해야 더 이상 당신을 괴롭히지 않을 것이다. 싫은 일을 싫다고 말할 때는 변명하거나 돌려서 말하면 더 집요하게 강요당한다.

따라서 만약 동창이 돈을 빌려달라고 하면 "어떡하지? 어제 내 동생이 돈을 다 가져갔어." 등의 변명을 하지 말고, "돈이 없어서 빌려줄 수 없어. 미안해."라고 직설적으로 말해야 한다. 관계를 끝내고 싶은 애인이 저녁을 같이 하자고 할 때도 "오늘은 몸이 안 좋아."와 같은 핑계를 대지 말고, "오늘은 너랑 밥 먹을 기분이 아니야."라고 딱 잘라 말해야 거절할 수 있다.

거절할 때 좋은 말만 하려고 애쓰면 그들은 절대 당신을 놓아주지 않을 것이다. 따라서 거절할 때는 당당하고 정확하게 그리고 간결하게 "No!"라고 말해야 한다.

40

부하 직원이 지시를 어겼을 때

    세대차가 심해지면서 직장 상사와 부하 직원간의 대화가 더욱 단절되고 있다. 직원들은 구세대인 상사가 자신의 말을 알아듣지 못한다며 답답해하고, 상사는 신세대인 아랫사람들이 경험과 버릇이 없어서 제멋대로 행동한다고 투덜댄다. 요즘 젊은 세대들은 먹을 걱정, 입을 걱정을 해본 적이 없고, 부모에게도 크게 야단맞지 않고 자라 타인의 지시를 받기 싫어하며, 윗사람의 지시도 가볍게 무시해버린다.

    나는 최근에 개인적인 친분이 있는 한 고위 전역 장교로부터, 많은 사병들이 갈수록 지휘계통을 밟지 않고 최고 지휘자에게 직접 민원을 청하려고 부대장 등이 시찰을 나가면 일부러 쓰러지거나 계단을 구르기도 한다는 말을 들은 적이 있다. 이러한 문화적 차이를 극복하지 못하면 당신은 부하 직원을 잘 다루지 못할 것이다.

당신의 부하 직원은 인터넷 세대다. 잘 모르는 일도 남에게 묻지 않고 스스로 인터넷을 뒤져 해결한다. 따라서 상사의 지시를 제대로 이해하지 못해도 다시 질문해서 확인하지 않고, 스스로 의미를 해석해 지시사항을 잘못 이행할 가능성이 높다. 또한 신세대는 세대차가 많은 윗사람들의 사고방식은 무조건 낡았다고 여겨 지시사항을 소홀히 여기고, 상사인 당신의 실력이 자기보다 부족하다며 무시할 수 있다. 그래서 많은 상사들이 부하 직원을 다루는 문제 때문에 골치가 아프다면서도 부하 직원의 잘못을 지적하지 못하고 적당히 넘어가는 경우가 많아졌다.

그러나 부하 직원이 지시사항을 어겼을 때 상사인 당신이 바로잡지 않으면, 당신은 점점 더 그 직원을 관리할 수 없게 될 것이다. 그렇다고 해서 모욕을 느낄 만큼 심하게 꾸짖으면 당신 부하 직원은 자기 잘못은 인정하지 않고 반발만 할 것이다. 드러내놓고 반발하지 않더라도 업무를 태만히 해 당신에게 눈에 보이지 않는 손실을 입힐 수도 있다.

그러므로 부하 직원이 상사인 당신의 지시를 어기지 않도록 애초부터 지시사항을 제대로 이해했는지 확인해두는 것이 좋다. 확인할 때도 "내 말 알겠지?" "알아들었어?"라고 말해 부하의 자존심을 다치게 하지 말고, "이번 지시에서 가장 중요한 것은 무엇이지?" "그럼 무엇부터 해야지?" "순서는 어떻게 정하는 것이 좋을까?" 등의 자연스러운 질문으로 부하 직원이 지시사항을 제대로 이해했는지 확인해두는 것이 좋다.

사전에 확인하지 않아 부하 직원이 지시사항을 어겼을 때는, 아무리 화가 나도 여러 사람 앞에서 화를 내 모욕을 느끼게 하지 말고 조용히 따로 불러 논리적으로 잘잘못을 따져야 한다.

이런 방법도 통하지 않으면 점차 수위를 높여 나중에는 부하 직원 스스로 전 직원 앞에서 지시사항을 어기게 된 경위를 설명하고, 앞으로 같은 일을 반복하면 불이익을 당할 수 있다는 사실을 고지해 스스로 버릇을 고치도록 상사로서의 권위를 바로 세워야 한다.

41

부하 직원이 사적인 일로
업무 시간을 낭비할 때

인터넷과 휴대폰 사용이 빈번해지면서 직원들
이 사적인 통화와 채팅으로 시간을 낭비해 골
머리를 앓는 직장 상사들이 많다. 회사 규모가 크다면 인터넷
차단 방어벽이라도 설치하겠지만, 그럴 만한 처지가 못 되는
소규모 회사에서는 직원들을 일일이 감시할 수도 없을 뿐만
아니라, 감시를 해도 일일이 잔소리를 늘어놓을 수 없어 고민
에 빠진다고 한다. 주5일제 근무에, 근무 시간마저 사적으로
사용하니 속이 탈 만도 하다.

　오래전부터 주5일제 근무를 하는 미국의 경우 대부분의 직

장은 직원이 근무 중에 사적인 전화나 인터넷 채팅은커녕 신문 보는 것조차 금한다. 철저한 자본주의 국가인 미국의 직장은 월급을 지급하는 근무 시간은 회사에서 직원들에게 돈을 지불한 시간이기 때문에 직원들도 그 시간을 개인적으로 사용하면 월급을 도둑질하는 것으로 여긴다.

하지만 문화가 다른 우리나라에서 부하 직원을 미국식으로 다룬다면 너무 가혹하다고 도망가버릴지도 모른다. 그렇다고 부하 직원이 사적으로 시간을 낭비하는 것을 방치하면, 다른 직원에게도 영향을 주어 회사의 경쟁력을 잃게 될 것이다. 또 직원들이 사적인 전화나 인터넷을 할 때마다 직설적으로 "사적인 전화 좀 줄이세요." "업무 시간에는 인터넷 사용은 가급적 자제하세요."라고 말하면 "쫀쫀하기는……."이라는 가벼운 반응만 보일 것이다. 오히려 당신이 안 보는 사이에 더 많은 시간을 사용할지도 모른다.

따라서 직원들의 사적인 활동으로 업무 시간 낭비를 줄이려면 공동 논의를 통해 엄격한 규율을 만든 다음 "우리 사적인 전화나 채팅은 점심 식사 후 한 시간 동안만 하도록 합시다. 시간을 지키지 않으면 고과에 반영하겠습니다."라고 공포하고, 만약 규칙을 지키지 않는 직원이 발견되면 엄격하게 규칙대로 처리하는 것이 좋다.

개인적으로 일일이 대응하면 성과도 없이 원성만 얻겠지만, 이처럼 규율을 정해 지키도록 하면 골치 아픈 문제를 쉽게 해결할 수 있다.

42

부하 직원이 대들 때

　당신이 자영업자이거나 직장의 임원이거나 혹은 상사라면, 부하 직원들의 잦은 퇴사와 지각, 결근, 사적인 일로 자주 자리를 비우는 일 등을 지켜보면 때로 월급 주는 것이 아깝다는 생각이 들 것이다. 손쉬운 창업과 대기업 신화의 붕괴, 세대에 따른 급격한 문화 차 때문에 상사는 여전히 "월급 받아 가는 직장인이라면 이 정도는 감수해야 한다."라고 믿는 일도 신세대 부하 직원들은 "월급 받는 만큼만 일하면 되지, 그 이상은 할 필요가 없다."라고 믿어 갈등이 일어나는 일이 많아졌다.

　남녀 직원 세 명을 두고 광고대행업을 하는 한준규 씨는 오

늘 부하 직원 때문에 너무 화가 나 혼자서 잔뜩 술을 마셔버렸다. 입사 1년을 넘긴 여직원이 중요한 고객의 전화 내용을 자신에게 제대로 전달해주지 않는 실수를 저지르고도 "그 정도 가지고 뭘 그러세요?" 하며 대들어 사장인 한준규 씨가 "그 정도라니? 당신 뭐 하는 사람이야?" 하며 노발대발 화를 냈는데, 그 여직원은 하루 종일 침통한 표정으로 입을 봉한 채 일을 하는 둥 마는 둥 하며 시간만 때우더니 끝내 사표를 냈기 때문이다. 한준규 씨는 그동안 직원의 월급을 밀리거나 야근을 시킨 적도 없는데, 그 정도의 일로 그만둔다고 하자 화도 나고 기가 막혔다. 그제야 그는 여직원과 지나치게 친하게 지낸 자신의 태도에 문제가 있었음을 깨달았지만 지나간 일을 되돌릴 수는 없었다.

상사인 당신에게 부하 직원이 대들지 않게 하려면, 부하 직원과 친하다고 해서 반말을 하거나 지나친 농담을 하지 말아야 한다. 부하 직원과 사적인 관계가 강화되면 그는 상사인 당신을 우습게 여길 수 있다. 당신이 부하 직원에게 우습게 보이지 않도록 행동했음에도 불구하고 부하 직원이 상사인 당신에게 대들면, 감정을 죽이고 차갑게 "내가 고쳐야 할 일이 있으면 공손하게 예의를 갖춰 말하십시오. 그러나 윗사람에게 대드는 것은 대상이 내가 아니더라도 이 사무실에서는 용납 안 합니다."라고 말해 더 이상 같은 일을 반복하지 못하도록 해야 한다.

43

부하 직원의 요구 사항이 과다할 때

신세대는 자기 생각을 숨기지 않고 직설적으로 말한다. 직장에서 개인적인 사정으로 결근하겠다는 말도 당당하게 하며, 회사 사정이 어려워도 급여나 휴가에서 조금도 손해를 보지 않으려고 따진다. 어떤 때는 당당함이 지나쳐서 의무는 다하지 않고 권리만 요구하는 것 같아 보이기도 한다.

대기업에서 10년 간 근무하고 명예퇴직을 한 서진태 씨는 인테리어 겸 부동산 사무실을 열었다. 처음에는 부인과 단둘이 시작했지만 일손이 늘 것 같아 여직원을 고용했다. 여직원이 하는 일이라야 아침에 출근해서 사무실을 청소하고, 전화 받고 점심 준비하고 손님에게 차를 내오는 정도의 단순한 일이었다. 그는 다른 부동산 사무실과 월급 수준을 맞추어 월 75만 원을 주었다. 아직은 중요한 전화는 그의 아내가 받기 때문에 여직원은 비교적 한가했다. 그래서 그의 아내는 사무실로 강아지를 데리고 나와 여직원에게 돌보라고 시켰다.

그런데 그 여직원은 그로부터 한 달 후에 "근무 이외의 일을 했으니 수당을 주셔야지요."라고 말해 이들 부부를 놀라게 했다. 그들 부부는 그 정도 사소한 일로 여직원을 나무랄 수가 없어 그냥 넘어갔다. 그랬더니 그 여직원은 해를 넘기자 "연봉 계약을 다시 해야 하는 거 아닙니까?"라고 말했다. 이들 부부는 이번에도 연봉 협상 요구를 거절할 수 없어 월급을 10만 원 올려주었다. 동종업체 사람들이 "당신만 월급을 더 주면 어떻게 해?"하며 불만을 터뜨리기까지 했다. 그 후 여직원은 동종업체에서는 시행하고 있지 않은 연차 휴가와 병가, 여름 휴가 등을 당당하게 요구했다. 그뿐만이 아니라 사전 양해도 구하지 않고 "저, 다음 주 화요일에 생리 휴가 쓰겠습니다."라고 휴가를 요구하기도 했다.

직장 생활 경험이 많은 서진태 씨는 웬만하면 직원의 요구를 들어주려고 애썼지만 여직원의 요구가 끝이 없자 그녀를 해고했다. 그러자 그 여직원이 노동부에 부당 해고로 고소해 곤욕을 치렀다.

상사인 당신은 부하 직원에게 처음부터 들어줄 수 없는 요구와 들어줄 수 있는 요구를 분명히 고지해야 한다. 직장 생활도 경험이 누적되면 요령이 생기기 때문에, 직원이 자주 바뀌면 그만큼의 비용 손실을 감수하게 된다. 상사인 당신은 웬만하면 다니던 직원을 붙잡고 싶을 것이다. 그러나 직원의 요구 사항을 잘 들어준다고 해서 직원들이 직장에 오래 붙어 있는 것도 아니다. 따라서 직원의 과다한 요구까지 들어주려고 애쓸 것이 아니라, 들어줄 수 없는 요구는 당사자에게 분명히 이유를 설명하고 단호하게 거절하는 것이 낫다.

그 대신 부하 직원들이 월급을 올려달라고 하는 이유가 단지 돈 얼마를 더 받겠다는 의도보다 자신의 공로를 인정해달라는 의사 표현이라면 "당신 덕분에 회사가 이만큼 컸다." "당신이 있어 든든하다." 등 비록 월급을 더 줄 수는 없지만 부하 직원의 공을 잊지는 않고 있다는 메시지를 전하는 것이 좋다. 그러나 "곧 직급을 올려주겠다." "월급을 얼마 더 주겠다."와 같은 지킬 수 없는 약속을 남발하지 않도록 조심해야 한다.

44

상사가 사적으로 자존심을 짓밟을 때

　대부분의 직장인들은 상사가 자존심을 짓밟을 때 직장을 그
만두고 싶은 충동을 느낀다고 말한다. 듣는 사람의 입장에 따
라 같은 말도 다르게 해석되기 때문에, 상사의 악의 없는 말에
도 부하인 당신은 얼마든지 자존심이 상할 수 있다. 따라서 상
사가 자존심을 짓밟으면 그 이유도 정확하게 알아보지 않고
직장을 그만두겠다고 할 것이 아니라, 화를 참고 부드러운 목
소리로 "그렇게 말씀하셔서 자존심이 몹시 상했습니다."라고
말해 그가 정말 의도적으로 당신의 자존심을 짓밟았는지를 체
크해보아야 한다. 상사는 당신의 예상을 뒤집고 자신은 악의

가 없었다고 말할지도 모른다.

그러나 당신이 화를 내며 공격적으로 대들면, 상사는 자신의 잘못을 인정하는 대신, 부하인 당신이 자기에게 적개심을 가지고 있다고 오해해 당신을 멀리하려고 할 것이다. 성격이 좋지 않은 상사는 당신에게 불이익을 안겨줄는지도 모른다. 따라서 상사의 말에 자존심이 상하면 "제가 속이 좁아서 그런지, 그렇게 말씀하시니 가슴이 철렁 내려앉는군요. 부장님이 저한테 화가 나신 것 같아서요."라고 우회적으로, 상대방을 탓하지 않고 당신 감정 위주의 아이(I) 메시지로 말해야 후유증 없이 당신의 의사를 전할 수 있다.

김세원 씨는 대기업 임시직 사원이다. 그녀에게 맡겨진 일은 영업 사원들의 입출금을 컴퓨터로 정리하는 일이었다. 그녀의 회사는 영업이 주 업무였기 때문에 여러 가지 컴퓨터 소프트웨어를 사용했다. 그런데 불법 제품만 사용해서, 불법 소프트웨어 색출이 있을 때마다 비상이 걸렸다. 그날도 검찰청에서 불법 소프트웨어 검사가 시작된다는 정보가 입수돼 회사 전체에 비상이 걸렸다.

담당 과장은 큰소리로 "큰일났네."를 연발하면서 노트북을 가진 사람들은 모두 들고 나가고, 내근 직원들은 모든 컴퓨터를 밀어야 한다고 소리쳤다. 그런데 부장 옆에 있던 차장은 컴퓨터를 열심히 챙기는 김세원 씨를 향해 "너는 괜찮아, 용역이니까. 잘리면 내가 다시 뽑아줄게."라고 말했다.

차장은 웃자고 한 말이었지만 김세원 씨는 그 말에 자존심이 상해 눈물이 핑 돌았다. 만약 김세원 씨가 조금만 순발력을 발휘해서 "저도 잘리면 안 돼요. 차장님도 잘릴 텐데 다시 뽑아줄 분이 안 계시잖아요. 불법 제품 사용은 모두 차장님 책임인데, 걸리면 콩밥 드실 수도 있잖아요."라고 그의 말을 맞받아쳤다면 자기 생각을 전할 뿐만 아니라, 그동안 쌓인 스트레스까지 날려버릴 수 있었을 것이다. 김세원 씨 대신에 차장이 스트레스를 받겠지만, 그는 자신의 지나친 농담이 상대방의 마음에 상처를 주었음을 깨닫게 되었을 것이다.

그러나 당신은 윗사람에게 그런 농담을 하다가 찍히고 싶지 않다고 말할 것이다. 하지만 이런 경우 상사일지라도 자기 잘못을 알고 있기 때문에 노골적으로 화를 내 체면을 손상시키려고 하지는 않을 것이다. 오히려 상사는 부하 직원의 대응이 만만치 않다는 사실을 알게 돼 앞으로 함부로 대하지 않을 것이다.

45

상사가 이유 없이 괴롭힐 때

취업을 걱정하는 사람들은 취업
만 되면 만사가 해결될 것이라고
생각하지만, 취업 후 까다로운 직장 상사에게 시달려본 사람들
은 고생은 이때부터임을 알고 있을 것이다. 까다롭고 괴팍한
상사에게 괴롭힘을 당해본 사람들은 아무리 어렵게 얻은 직장
일지라도 당장 때려치우고 싶다고 말할 정도로 힘들어한다.

부하 직원을 괴롭히는 상사는 대체로 강자에게는 약하고,
약자에게는 강한 비겁한 사람들이다. 내면에 열등의식이 쌓여
있고, 그 열등의식을 약자를 괴롭힘으로써 해소하려고 한다.

남을 괴롭히는 사람은 괴롭힘을 당하는 사람이 괴로움을 드러내는 것을 즐기려는 심리가 강하다.

따라서 상사가 이유 없이 괴롭히면 괴롭다는 반응을 보이지 않는 것이 좋다. 그러다가 갑자기 당당하게 "저를 괴롭히지 말아주십시오."라고 말해 충격을 주는 것이 좋다. 민망해서 겉으로는 화를 낼는지 모르지만, 속으로는 마치 직진하던 자동차 운전자가 갑자기 장애물을 만난 것처럼 당황할 것이다. 그리고 당장은 체면이 손상됐다는 분노 때문에 당신을 더욱 심하게 괴롭힐는지 모르지만, 이러한 충격은 오래가기 때문에 자기도 모르게 그 말이 가슴에 새겨지고 차츰 당신을 괴롭히지 못하게 될 것이다.

김현직 씨는 군대 제대 후 8수 끝에 공기업의 연구원으로 취업해 1년 정도 근무했다. 그는 입사 후 직속 상관이 대학 선배임을 알고 무척 기뻐했다. 그러나 입사 후부터 시작된 대학 선배의 괴롭힘은 매우 혹독했다. 그는 공공연히 "후배는 하드 트레이닝을 시켜야 한다."고 말하면서 인격적인 모독도 서슴지 않았다. 술버릇까지 나빠 술자리에서 여러 직원들 앞에서 김현직 씨를 조롱거리로 만들기도 했다. 자기 기분이 언짢으면 주말에도 출근시켜 쓸데없는 일을 시키곤 했다.

그의 회사는 격주 휴무제를 시행했는데, 한번은 쉬는 주말에 심한 골다공증으로 고생하시는 할머니께서 화장실 앞에서 넘어져 병원에 모시고 가야 했다. 그는 초등학교 때 아버지를 여의고, 연로하신 할머니를 모시고 홀어머니와 함께 살았다. 어머니 역시 관절염 때문에 거동이 불편하셔서, 김현직 씨가 할머니를 병원으로 모시고 가야 할 처지였다. 그런데도 선배는 "급히 상급 부서에 올릴 자료를 만들어야 하니까 꼭 나와." 하면서 출근하라고 했다. 그는 선배의 강압적인 태도를 무시할 수 없어 몸이 불편하신 어머니께 할머니를 모시도록 하고 출근했다.

  그날따라 선배는 여러 가지 어려운 업무를 지시했다. 그는 빨리 끝내려고 열심히 일하고 있는데, 오후 4시쯤 되자 선배는 그에게 "퇴근하자!"고 말했다. 그가 "아직 일이 덜 끝났는데요."라고 말하자 "서둘 것 없어. 월요일에 와서 해도 돼."라고 말했다. 김현직 씨는 선배가 그다지 바쁘지도 않은 일을 시키려고 중요한 가정사를 내팽개치도록 한 사실이 분해서 그의 면상을 후려갈기고 싶었다. 그러나 아무것도 하지 못하고, 분노를 속으로만 삭여야 했다.

  김현직 씨의 경우 대학 선배는 직장 후배에게 특별 대우를 해줄 거라는 기대를 함으로써 상사에게 개인적으로 조종당하게 된 경우다. 그가 입사 초기부터 대학 선배를 여느 상사 대하듯 공적으로 대했다면, 그 주말에도 분명하게 "지금은 나갈 수 없습니다. 급한 일은 월요일에 처리하겠습니다."라고 떳떳하게 말할 수 있었을 것이다. 그러나 자기 자신이 '대학 선배니까 잘 봐주겠지.'라고 생각하며 자기도 모르게 선배에게 기대의 눈빛을 보냈을 것이며, 선배는 그 점을 파악하고 그를 최대한 이용하려고 했을 것이다.

대학 선후배임을 내세우면 직장의 상하 관계가 사적인 상하 관계로 바뀌어 선배의 사적인 명령조차 어길 수 없는 관계가 형성된다. 당신이 만약 김현직 씨와 같은 처지에 놓인다면 처음부터 직장 상사가 대학 선배, 군대 선배, 집안끼리 아는 관계임을 내세우지 말고, 공적 관계가 우선임을 분명히 보여주어야 한다.

사람은 누구나 첫인상 때 받은 인상이 계속되는 경우가 많기 때문에, 입사 초기에 자신이 대접받고 싶은 만큼 당당하게 행동하는 것이 중요하다. 대부분의 직장인들은 상사의 사적인 괴롭힘도 받아들이지 않으면 불이익을 당할지 모른다고 생각해, 드러내놓고 자기 생각을 말하지 못하고 스트레스에 시달린다.

그러나 아랫사람이 사적인 괴롭힘을 단호히 거절하면 상사
는 오히려 "믿는 구석이 있는 모양이군."이라고 생각해 더 이
상 괴롭히지 않는다. 하지만 상사에게는 인사권이 있기 때문
에, 윗사람에게 자기 주장을 펼 때는 최대한 겸손하고 공손하
게 말해야 후유증을 남기지 않음을 잊지 말아야 한다.

46

직장 동료들에게 따돌림을 당할 때

    직장 동료들에게 따돌림을 당하면 직장에서 성공하기 힘들다. 이른바 '왕따'를 당하는 사람은 사회성이 부족해, 직장을 그만두고 다른 일을 해도 비슷한 결과가 나오기 때문이다. 당신이 직장 동료들에게 따돌림을 당한다면 일차적 원인은 당신 자신에게 있다. 당신이 따돌림을 당하는 이유는, 동료들이 당신의 숨 막히도록 답답한 성격을 부담스러워하는데도 당신 자신은 "내가 너무 정직해서 말을 매우 직선적으로 하기 때문"이라고 착각하고 있기 때문이다. 따라서 당신이 직장에서 '왕따'라고 생각하면, 너무나 직선적인 당신의 언어를 둔화시켜야 한다. 인터넷 사이트에 올라온 한 직장 여성의 고민을 살펴 보자.

　나는 사회 생활 5년 차의 직장인인데, 지금까지도 마음을 털어놓을 만한 동료가 없다. 같은 부서의 나이 많은 여자 선배 가 가끔 같이 식사를 해주는 정도다. 그런데 그 선배가 어느 날 "이제부터는 말 좀 부드럽게 해봐."라고 말하면서 동료들이 나를 어떻게 생각하는지에 대해 설명해주었다. 나는 선배의 말을 듣고 화가 나, 나를 흉보는 그들이야말로 직원들을 대상 으로 누구는 말투가 어떻고, 누구는 외모가 어떻고 등 드러내 놓고 남을 평가하는 저질들이라고 말해버렸다.
　나는 선배를 통해 알게 된, 나를 폄하하는 동료들이 싫고, 나에게 충고를 하는 척하며 내 흉을 본 그 선배도 미웠다. 당장 회사를 그만두고 싶지만 대책이 없어 결단을 내리지 못하고 있다. 5년씩이나 한솥밥을 먹은 동료라면, 내 성격이 약간 모 가 나도 있는 그대로 봐줄 수 있어야 하는 거 아닌가? 묵묵히 일 잘하는 사람 흉보면 자기들에게 무슨 득이 있다고……. 직 장 동료들 때문에 스트레스를 받아서 체중까지 크게 늘었다. 이대로 직장 생활을 하다가는 병이 날 것 같다.

지금 당신이 직장 동료들에게 따돌림을 당한다고 생각되면, 당신이 너무 솔직해서 동료들이 당신을 멀리하는 것이 아니라, 당신이 너무 날카로운 말로 상대방을 공격해 그들이 당신을 부담스러워한다는 사실을 깨달아야 한다. 내 말이 믿어지지 않으면 가끔 소형 녹음기를 숨겨두고 당신이 동료들에게 하는 말을 녹음했다가 들어보라. 객관적으로 들어보면 당신 자신도 섬뜩할 것이다.

　　그러므로 회사에서 따돌림을 당하지 않으려면, 동료가 하는 행동이 마음에 들지 않아 "그건 말도 안 돼!"라고 말하고 싶어도 한 호흡 늦춘 후 "내 생각은 좀 달라."라고 말하고, "나는 싫어!"라고 말하고 싶을 때도 역시 "그렇게 하는 것도 좋지만 내 능력으로는 잘 안 될 것 같아."라고 우회적으로 말해야 한다.

　　상대방의 잘못을 그냥 봐 넘기지 못하는 사람은 할 말을 못하면 정신 건강을 해치기 때문에 남의 잘못을 지적은 해도 좋지만, 듣는 사람이 공격받았다는 기분이 들지 않도록 돌려서 말하는 습관을 기르면 주변에 사람이 모여들 것이다.

47

회사가 약속을 지키지 않을 때

직장인들은 회사가 과다한 업무, 휴가 반납, 월급 동결 등으로 개인에게 돌아가는 혜택을 박탈하면 회사에 대한 애정이 식는다고 말한다. 그러나 취업이 어려운 요즘에는 선뜻 직장을 그만둘 처지가 못 될 것이다. 요즘처럼 자기 계발이 필요한 때에 회사가 출퇴근, 야근 등의 시간을 지키지 않아 개인 시간을 사용하기 어려우면 자신의 경력을 관리하기 힘들어 심한 스트레스에 시달릴 것이다. 이럴 때는 혼자 속으로 끙끙 앓을 것이 아니라 윗사람에게 직접 사정을 설명하고 최소한의 약속이라도 지키도록 하는 것이 현명하다.

그러나 이때 "사규에 그렇게 나와 있잖아요." 등의 말로 따지면 효과를 거두기는커녕 미움이나 받을 것이다. 우리나라는 예나 지금이나 법보다 인정에 호소해 문제를 해결하는 관습이 있기 때문에 법을 앞세우면 누구든지 기분 나빠한다. 그러므로 "저, 퇴근 후에 공부 좀 해야겠는데요."라고 사정조로 말하는 것이 효과적이다.

그런데 많은 사람들이 회사가 약속을 지키지 않아도, 윗사람에게 찍힐까봐 할 말을 못하고 속으로만 "오늘 회사를 그만둘까? 내일 그만둘까?" 고민하면서 인생을 낭비하거나 직설적으로 불만을 터뜨려 미움을 산다. 그러나 회사가 강압적으로 약속을 지키지 않는 상황에서도 용기를 가지고 윗사람과 의논하면, 회사로부터 최소한의 자기 시간을 되찾아 자신의 경력을 관리할 수 있다. 그리고 출퇴근 시간 등 업무 시간이 제멋대로인 회사일수록 인간적인 호소가 오히려 더 잘 통한다.

김성태 씨의 경우를 보자. 그는 언젠가 중국과 무역하는 큰 회사를 운영하겠다는 꿈을 키우고 있다. 아직은 번듯한 무역 회사에 취업할 실력이 안 돼 일단 어디든 취업해서 공부를 더 하고 싶었다. 그래서 아침 9시 30분에 출근해서 5시 30분에 퇴근할 수 있다는 조건을 믿고, 저임금을 받기로 하고 한 벤처 회사에 취업했다. 그의 목적은 공부를 더 하는 것이었기 때문에, 면접에서 정시 퇴근에 대한 약속을 받아두고 출근 하루 전에 회사 근처의 중국어 강좌도 신청해두었다.

김성태 씨가 맡아 하는 일은 물류 관리를 엑셀로 잡아서 처리하는 간단한 일이어서 얼마든지 근무 시간 안에 일을 마칠 수 있었다. 그는 퇴근 시간 때문에 학원 수업에 지장을 받을 것이라고는 생각조차 하지 않았다. 그런데 출근 첫날부터 오후 6시가 되도록 아무도 퇴근을 하지 않아 양해를 구하고 6시에 먼저 퇴근했다. 학원 가는 시간이 빠듯했다. 그래서 다음날은 5시 50분쯤 퇴근했다. 그런데 사흘째 되는 날에는 상사에게 같은 시간에 퇴근하겠다고 말하자, 상사가 화를 내면서 오히려 30분 더 있다 가라고 해 학원에 가지 못했다. 다음날은 아예 "회사가 자리 잡을 때까지만 퇴근을 6시 30분에 해달라."고 부탁했다. 할 수 없이 학원 수강 시간을 옮겨야만 했다.

그런데 동료 직원들이 남들이 퇴근하기 전에 먼저 나간다고 "저 사람은 공무원도 아닌데 칼퇴근을 하는구먼."이라고 비아냥거렸다. 그는 "원래 퇴근 시간은 5시 30분입니다."라는 말이 목까지 올라왔지만 간신히 참았다. 그러나 시간이 지날수록 새벽 출근을 시키고도 제 시간에 퇴근까지 못하게 해 그는 윗사람과 담판을 지어야겠다고 생각했다. 그는 그만둘 각오로 부장에게 면담을 신청해 자기 생각을 말했다.

"근무 시간 안에 제가 맡은 일을 다하겠습니다. 만약 다하지 못하면 늦게 퇴근하겠습니다. 그러니 처음 약속하신 대로 학원에 다닐 수 있게 해주시기 바랍니다."

그는 감정 없이 낮은 목소리로, 그러나 단호하게 말했다. 부장은 자기가 면접 때 했던 약속을 까맣게 잊고 "특별히 한 사람만 일찍 퇴근하면 회사 분위기가 깨지는데……."라고 중얼거렸다. 김성태 씨는 좀더 단호한 목소리로 "업무에 지장을 초래하지 않겠습니다. 미리 다 처리할 수 있습니다."라고 말했다. 부장은 한참 생각하더니 "그럼 다른 사람들에게 지장을 주지 말고 알아서 해보게."라고 대답했다.

직장이 약속을 지키지 않으면 불평만 일삼을 것이 아니라, 상사가 받아들일 만한 객관적인 사실을 들어 자기 생각을 말하는 것이 현명하다. 과격한 용어 사용을 자제하고, 정중하지만 분명하게 자기 생각을 말하면 어렵지 않게 약속을 이행시킬 수 있을 것이다.

48
직장에서 누명을 썼을 때

    당신이 정당한 행동을 해도 직장에서는 일단 누명을 쓰면, 누명을 씌운 사람들의 저항으로 변명할 여지조차 차단된다. 그리고 누명을 쓰면 마음속을 뒤집어 보여줄 수 없고, 자기 잘못이 아니라는 증거를 보여줄 수도 없어 속이 터질 것이다. 그러나 싸울 때 흥분하면 아무리 목소리가 크고 힘이 좋아도 결과적으로는 그 싸움에서 지듯, 누명을 썼을 때도 서두르면 오히려 더 많은 오해를 불러와 문제가 꼬이게 된다. 종이에 풀칠을 하다가 불필요한 이물질이 붙었다고 해서 급히 잡아당기면 원래의 종이마저 찢어지듯, 누명을 빨리 벗으려고 허둥대면

역효과만 나는 것이다. 따라서 직장에서 누명을 쓰면 급하게 대응하지 말고, 마음을 가라앉히고 한 발 물러서서 치밀하게 전략을 짜 침착하게 대응해야만 누명을 벗을 수 있다.

주유소에서 일하는 주광택 씨의 경우를 보자.

그는 오랫동안 취업이 안 돼 고민하다가 간신히 주유소 경리로 취업했는데, 입사 3주 만에 그가 카운터에서 일하는 동안 돈이 약간씩 빈다는 누명을 썼다. 주광택 씨는 그동안 정산을 하면 매일 5,200원 혹은 12,300원 이런 식으로 돈이 비어 불안했다. 처음에는 오해를 받을까봐 자기 돈으로 메워 넣었지만, 말단인 자신이 직접 금고에 손을 대는 것은 아니어서 굳이 그럴 필요가 없다고 생각해 더 이상 돈을 채워넣지 않았다. 그러자 회사 측에서는 주광택 씨가 돈에 손을 대 계산이 맞지 않는다고 야단법석을 떨었다. 그래서 주광택 씨가 도둑이라는 소문은 회사 전체에 퍼지고 말았다.

그는 돈 얼마 때문에 누명을 쓴다는 사실이 치욕스러워 당장 회사를 그만두고 싶었다. 그러나 자기가 그만두면 자신이 돈을 훔친 것이 기정사실화될 것이 겁났고, 그냥 다니자니 동료들의 눈총이 따가워 괴로웠다.

당신이 만약 주광택 씨처럼 회사에서 억울한 누명을 썼다면

피하지 말고 정면 돌파해야 한다. 뒤에서 수군거리던 사람들도 당신이 지속적으로 떳떳한 자세를 보이면 "누명을 쓴 건 아니었을까?"라고 생각하기 시작한다.

사람은 잘못을 저지르면 떳떳하지 못해 어딘가 어색한 행동을 하기 때문에, 당신이 끝까지 떳떳하게 행동하면 시간은 걸리겠지만 언젠가는 오해가 풀린다. 처음부터 억울하다고 수선을 피우거나 흥분하면 사람들이 "도둑이 제 발 저리는 거 아냐?"라고 부정적으로 해석해 누명은 더욱 강화될 것이다.

그러므로 누명을 썼을 때 동료들의 따가운 눈총이 견디기 힘들어도 회사에서 내쫓지 않는 한 끈질기게 회사를 다니며 떳떳한 태도를 보여주는 것이 현명하다. 당신에게 적대적인 동료들도 차마 당신에게 직접 "당신이 진짜 돈을 훔쳤어?"라고 묻지는 못할 것이며, 시간이 지나면 당신의 떳떳한 행동을 지지하던 사람들의 발언권이 커져서 반드시 오해가 풀릴 것이다.

49

상사가 사무실에서 함부로
생리현상을 드러낼 때

　중년 이상의 직장 남성들 중 직장에서도 자기 집 안방에서
처럼 방귀를 뀌고 트림을 하는 등 공공연하게 생리 문제를 해
결해 눈살을 찌푸리게 하는 경우가 많다. 그런가 하면 재떨이
에 가래를 뱉거나 연거푸 가래를 끓어 올리는 소리를 내 한 방
에서 근무하는 다른 직원들을 불쾌하게 하는 상사도 있다.

　그렇다고 해서 상사를 향해 "왜 사무실에서 방귀 뀌세요?"
라고 물을 수도 없고, "트림이 심하시군요."라고 말하기도 곤
란할 것이다. 물론 상사의 방귀와 트림이 싫다고 해서 직장을
그만둘 수도 없을 것이다. 방귀나 트림, 가래 등은 자연스러운

생리현상이지만 공공연하게 노출되면 대소변 못지않게 추하다. 따라서 제대로 가정 교육을 받은 사람들은 이런 생리현상도 대소변 보는 것과 마찬가지로 화장실로 달려가 해결한다.

그러나 가정 교육이 시원찮은 사람들은 방귀, 트림 같은 것은 어디서나 해결할 수 있는 생리현상으로 여긴다. 그 때문에 그 광경을 지켜보아야 하는 사람에게는 불쾌할 뿐만 아니라 무시당했다는 느낌마저 주지만, 당사자는 자연스러운 생리현상일 뿐이라고 생각한다. 상사의 이런 행동이 불편을 끼친다고 해서 정색하며 "부장님 방귀 좀 그만 뀌세요."라고 말할 수는 없지만, 속으로 불쾌감을 참으면 심한 스트레스를 받을 것이다.

그러나 직장에서는 어떤 불평 불만거리도 속으로 밀어넣지 말고, 양지로 꺼내 해결을 보아야 정신 건강을 지킬 수 있다. 상사가 사무실에서 수시로 방귀 뀌는 것을 막으려면, 정중하게 "부장님, 소화불량이 심하신가봐요. 여기까지 냄새가 나는군요. 오늘 아침 음식이 안 좋았나봐요." 등의 말로 상사의 행동이 다른 사람에게 불쾌감을 준다는 사실을 은근히 일깨워야한다. 옹졸한 상사라면 모욕을 당했다고 받아들여 엉뚱한 트집을 잡을 수 있지만, 웬만한 사람이라면 자기 자신도 민망해서 자신의 태도에 대해 다시 생각해볼 것이다.

부하인 당신이 상사와의 관계를 해치지 않고 기분 좋게 이 문제를 해결하려면 "아침마다 야채에 겨자 샐러드를 섞어서 드시면 가스가 많이 준대요."와 같은 문제 해결 방법을 일러주거나, 동료들과 의논해 상사가 매너 없는 행동을 할 때마다 벌금을 받는 제도를 만드는 것이 좋다.

부서의 막내를 대변인으로 정해 "부장님이 공기를 오염시킬 때마다 벌금을 받기로 했어요."라고 통보하고, 부장이 방귀를 뀌거나 트림을 할 때마다 막내 직원이 달려가 벌금을 달라고 하면 부장은 방귀나 트림이 나올 때마다 부지런히 화장실로 달려가려고 노력할 것이다.

50

직장에서 부서를 옮기고 싶을 때

 사이 나쁜 부장과 국장 사이에 낀
직원, 본사와 떨어진 건물에 있는
부서에 근무하는데 부서장이 본사 임직원과 사이가 나쁜 부서
에 근무하는 직원, 긴밀한 협조가 필요한 부서의 부장과 사이
가 나쁜 부장 밑에서 일하는 직원 등 직장에서 갈등 많은 윗사
람들 사이에 낀 사람들은 본연의 업무보다 인간관계에서 더
많은 스트레스를 받는다. 이런 처지에 놓이면 그곳에서 스트
레스에 시달리는 것보다 부장의 동의를 얻어내 부서를 옮겨서
새로운 인간관계를 맺는 것이 낫다.

한 벤처 회사 연구실에 근무하는 최현철 씨의 사례를 보자.

그는 본사와 멀리 떨어진 곳에 있는 연구실에서 소장과 단둘이 근무한다. 그의 회사는 연구소장이 낸 특허로 세워졌다고 해도 과언이 아니다. 그 때문에 회사에서는 연구소장을 사장과 거의 동등하게 대접한다.

그런데 연구소장은 사장을 비롯한 본사 임원들을 우습게 여긴다. 최현철 씨가 본사의 부름을 받고 본사에 가야 한다는 말만 하면 "어떤 것들이 내 허락도 없이 오라 가라 야단이야. 안 가도 돼!"라고 말해 그를 난처하게 만든다. 평소에도 입만 열면 "이놈의 회사에는 무식한 놈들밖에 없어서……." 하며 임원들 한 명 한 명의 이름을 들어 비난한다. 소장은 툭하면 최현철 씨 앞에서 "아니 회사가 누구 때문에 밥 먹고 사는데." 하며 위세를 부린다.

최현철 씨는 회사에 나오면 성인 사이트 뒤지고 남의 흉이나 보다가 퇴근하는 연구소장을 절대로 존경할 수가 없었다. 그뿐만 아니라 그 사람 밑에 오래 있다가는 자기도 비슷한 사람이 될 것 같아 불안했다.

그러나 본사 사람들이 연구소장을 대단한 사람으로 여기기 때문에 최현철 씨가 그에게 찍히면 곤란한 상황이었다. 최현철 씨는 하루라도 빨리 연구소장에게서 벗어나 본사로 가고 싶었지만 방법을 찾을 수가 없었다.

최현철 씨처럼 부서를 옮기고 싶을 경우, 상사에게 공식적으로 지금의 일이 자신의 적성에 맞지 않다는 사실을 인지시켜야 한다. 속으로 불평만 늘어놓을 것이 아니라 상사를 붙들고 진지하게 의논하되, 그가 싫어서 부서를 옮기려는 것이 아니라 현 부서의 일이 적성에 맞지 않아서 옮기려는 것임을 분명히 인식시키는 것이 좋다. 그러려면 상사에게 은밀하게 신상 상담을 요청하는 것이 좋다. 상담할 때도 소설 읽듯이 모든 이야기를 줄줄이 다 하지 말고, "사람이 적성에 맞지 않는 일을 한다는 것에 대해 어떻게 생각하십니까?"라는 질문을 던져 상사가 부하들의 자리 이동에 대해 언급하도록 분위기를 조성한 후 분위기가 무르익으면 당신의 부서 이동 의사를 비추면 된다.

상사들은 누구나 부하 직원에게 영웅이 되고 싶은 심리를 가지고 있어서, 부하 직원이 진지하게 신상 상담을 요청하면 당신 편에 서게 되어 있다. 이때도 상사가 당신이 원하는 바를 거론할 때 즉각 목적을 드러내지 말고, 한 번쯤은 "그래도 될까요?" 등의 말로 사양하는 것이 좋다. 그러나 한 번 이상 사

양하면 "그럼 할 수 없지."라는 결론이 날 수 있기 때문에, 사
양은 한 번으로 족하다.

51

직장에서 해고 위협을 받았을 때

　실업자도 불안하지만 직장에 다녀도 해고를 걱정해야 하는 불완전 고용 상태에 놓인 사람들도 불안하기는 마찬가지다. 경기가 나쁘고 실업이 늘자 일부 악덕 경영자는 급여를 낮추려고 수시 해고도 서슴지 않는다.

　자기가 다니는 직장이 남들 보기에 번듯한 직장이 아닐지라도 해고 위기에 놓이면 누구나 불안감에 싸인다. 기분 내키는 대로 할 수만 있다면 화풀이를 하고 그만두면 되겠지만, 새 직장 구하기가 어려운 요즘 같은 때는 혈기를 부려보았자 직장만 잃을 뿐이다. 그렇다고 해서 해고 위협에 굴복하면 위협은 더욱 강해질 것이고, 그로 인한 스트레스 때문에 정신 건강을 해칠 것이다.

서울 강남의 한 개인 병원 간호조무사인 김인애 씨는 지난 월말에 병원 측으로부터 갑자기 해고 위협을 당했다. 그녀는 3년의 경력이 있지만 초보자와 같은 월 65만 원의 급여를 받는다. 급여는 입사 후 정해진 시간이 경과하면 5만 원 정도씩 올려준다. 그런데 급여가 너무 높아지면 해고 위협을 겪게 된다. 지난번 병원에서도 급여가 80만 원으로 오른 후 해고를 당했다. 친구들은 그 병원을 노동부에 고발하라고 했지만 김인애 씨는 차마 그럴 수가 없어 다시 급여 65만 원을 받는 신입으로 다른 병원에 취직했다. 그녀는 이번에도 급여를 올려달라고 하면 해고당할지도 모른다고 생각했다. 그래서 근무한 지 1년이 넘었지만 급여에 대해서는 입도 뻥긋하지 않았다.

그런데도 병원에서는 그녀가 급여를 올려달라고 말할까봐, 돈을 빼돌렸다는 누명을 씌웠다. 친구들은 직원을 그냥 내보내면 노동법에 저촉되기 때문에 누명을 씌워서 제 발로 나가게 하려는 수작일 거라며 열을 올렸다. 김인애 씨는 돈을 빼돌렸다는 사무장의 말을 듣고 기절할 정도로 놀랐지만, 대들면 해고를 당할까봐 입을 봉하고 있다.

김인애 씨가 근무하는 병원에 간호조무사는 그녀 한 명밖에 없어 점심도 제때 먹기가 어렵다. 급한 은행 일이라도 보고 오면 주사 맞을 환자들이 줄을 지어 기다려 꼼짝도 못한다. 그녀는 그토록 열심히 일했는데도 급여를 올려주기 싫어서 도둑 누명까지 씌우는 병원 사무장이 야속했지만, 해고당할까봐 죽은 듯이 참느라고 스트레스가 심하다.

김인애 씨가 이해해야 할 일은, 경영자란 이윤 창출의 목표를 실현해야 하는 사람들이라는 사실이다. 경영자는 가장 적은 비용을 들여 가장 높은 효율을 얻어야 한다. 따라서 김인애 씨 입장에서는 잔인해 보여도, 급여를 올려주지 않고 비슷한 서비스를 제공받을 수 있다면 그들은 다른 사람을 선택할 수밖에 없다. 고용도 수요와 공급이 가격을 결정하기 때문에, 간호조무사로 취업하려는 사람이 많아지면 굳이 급여가 더 비싼 인력을 쓸 필요가 없다고 생각할 것이다. 따라서 경영자들의 생리를 이해하면서, 경영자가 원하는 이상의 서비스를 제공해야 신뢰를 얻을 수 있다는 사실을 알아야 한다.

당신이 만약 김인애 씨와 같은 처지에 놓인다면, 몸이 고단해도 출근 시간보다 일찍 출근해 병원 분위기를 화사하게 꾸미고, 주어진 일을 억지로 하는 것이 아닌 기꺼이 한다는 느낌

을 주면, 병원에서도 당신이 급여 이상의 효과를 가져온다고 판단해 해고하기는커녕 병원을 옮긴다고 하면 붙들려고 애쓸 것이다. 이처럼 자신의 위상을 높이면 할 말을 하면서도 해고 위협을 받지 않을 수 있다.

또한 도둑 누명을 쓰지 않으려면 현금 출납을 정확하게 기록해두어야 한다. 요즘처럼 컴퓨터가 회계 처리를 자동으로 해주는 세상에 주먹구구식으로 돈을 관리하면 계산이 안 맞아 오해받을 소지가 크다. 컴퓨터를 배워 정확하게 계산하는 법을 익혀두면 누명을 씌워 내쫓으려고 하지도 못할 것이다.

당신이 종종 직장에서 해고 위협을 받는다면 지금부터라도 경영자의 이윤 추구에 대한 속성을 이해하고, 경영자가 원하는 질 높은 노동력을 제공하면서 할 말은 해야 직장 생활을 당당하게 할 수 있을 것이다.

52
새치기당했을 때

자동차를 몰아도 끼어들기를 해서 옆에 가던 차를 앞질러야 속이 시원하고, 줄 서서 기다리기 싫어 새치기를 해서라도 남보다 앞서가야 속이 시원한, 일부 성질 급한 사람들 때문에 공공 장소의 새치기 시비는 사라지지 않고 있다. 몇몇 공중 화장실에서는 한 줄 서기 운동이 어느 정도 자리 잡고 있지만, 슈퍼마켓이나 공연장 등에는 여전히 새치기하는 사람과 시비를 벌이는 광경이 보인다.

이연화 씨는 직장 일이 바빠 며칠 동안 벼르다가 퇴근길에 대형 마트에 들러 칫솔과 옷장에 넣을 방부제를 샀다. 그녀가 구입한 품목은 두 가지뿐이어서 소량 계산대 줄로 갔다. 그런데 그 줄 마지막에 카트에 물건을 가득 실은 한 중년 부인이 서 있었다.

이연화 씨는 정중하게 "여기는 소량을 구입한 손님들을 위한 계산대니까 옆 계산대로 가시지요."라고 말했다. 그러자 중년 부인은 소량 계산대 위 표지판에 씌어 있는 '품목이 10개 미만인 고객님들을 위한 창구'라는 글귀를 가리키며 "10개 미만이잖아요." 하고 우겼다. 이연화 씨는 "아줌마, 제가 보기에 10개는 충분히 넘는 것 같은데요?"라고 대꾸했다. 그러자 중년 부인은 이연화 씨를 향해 "10개가 안 넘으면 어떡할 건데요?" 하며 버럭 소리를 질렀다. 약이 오른 이연화 씨는 "그럼 물품 개수를 세어보죠."라고 맞받아치며 그녀의 카트로 팔을 뻗었다. 그러자 중년 부인은 이연화 씨의 팔을 막으며 "10개 미만이라니까 왜 그래? 이 아가씨 정말 웃기네!" 하며 소리를 질렀다. 이연화씨는 목소리 큰 사람보다 원칙을 지키며 사는 사람들이 대우받는 사회를 만들려면 자기라도 이런 아줌마의 버릇은 확실히 고쳐놓아야 한다는 정의감에 불타 중년 부인의 팔을 피해 카트를 뒤지기 시작했다.

두 사람 사이에 몸싸움이 벌어졌다. 그런데 마트 직원들은

두 사람의 언쟁을 말리지 않고 멀거니 바라만 보았다. 이연화 씨는 그 점이 더욱 화가 났지만 끝까지 물러서지 않고 그 중년 부인과 치열하게 싸웠다.

이연화 씨의 정의감은 높이 살 만하다. 그러나 무엇을 잘못 했는지조차 깨닫지 못하는 중년 부인을 상대로 직접 싸운 것은 잘한 일이라고 말하기 어렵다. 그런 사람과 싸우면 자기만 괴롭다. 이 경우 이연화 씨는 중년 부인과 직접 싸우지 말고, 줄에서 기다렸다가 중년 부인의 차례가 되었을 때 계산대 직원이 다른 줄로 돌려보내지 않으면 중년 부인을 무시하고 계산대 직원과 담판을 지어야 한다. 계산대 직원이 이를 바로잡지 않으면 매니저를 불러 이 문제를 시정하도록 해야 한다.

강직하고 정의감에 불타는 사람들은 모든 문제를 자기 자신이 직접 해결하려고 해서 복잡해진다. 이런 문제일수록 직접 바로잡으려고 하면 강한 저항에 부딪혀 스트레스만 커진다. 따라서 문제를 책임질 사람이 있는 장소에서 벌어진 일은 책임자에게 문제를 시정하도록 해야 쉽게 해결된다.

만약 공중 화장실이나 공연장 같은 책임자를 찾기가 어려운 장소에서 새치기를 당해도 혼자 문제를 해결하지 말고, 주변 사람들을 동원해 해결해야 유쾌하게 해결할 수 있다.

53

의사가 불친절할 때

의사들은 처방전에 라틴어를 사용한다. 환자가 '아스피린' 같은 누구나 약국에서 살 수 있는 약명을 알아보지 못하도록 하기 위해서다. 환자는 자신의 생명을 의탁하는 만큼 의사가 자기보다 나은 사람, 자기보다 권위 있는 사람을 선호한다. 그래서 의사의 이러한 행동을 충분히 이해한다.

원시 부족 사회에서 마을의 리더는 사람들의 병을 낫게 하는 주술사였다. 병으로 약해진 사람들을 다스리려면 적당한 권위가 필요하다는 사실을 보여주는 예다. 그러나 병원에 다

녀본 사람들은 의사라면 당연히 인정받아야 할 권위와 환자 위에 군림하는 권위적인 태도를 혼동하는 의사가 많다고 말한다. 병원이 늘고 적자를 보는 곳도 많아지면서, 의사의 권위를 이용해 불필요한 검사나 수술을 강요하는 의사도 많다고 한다. 환자들은 그걸 알면서도 감히 거절할 수 없었다고 하소연한다. 심지어 병원에서 정한 점심시간을 피해 병원에 갔는데도, 의사가 식사시간을 지키지 않아 기다리고도 불평하지 못하는 사람도 많다. 속으로는 불만스럽지만, 대놓고 불평을 늘어놓았다가 의사가 몸에 해로운 주사나 약을 처방하면 큰일이라는 막연한 불안감 때문이다.

《의사에게 검진 받기》 저자인 티모시 맥콜 박사는 중대한 수술이나 검사를 결정하라는 의사의 요구를 그 자리에서 받아들이지 말고, "마음이 정해지면 다시 오겠다."고 말하라고 권한다. 그렇게 말하면 의사의 기분을 상하게 하지 않고도 의사의 강요를 거절할 수 있다는 것이다. 그러므로 당신은 지금부터 의사의 말에 무조건 복종해야 좋은 치료를 해줄 것이라는 생각은 버려야 한다. 의사의 태도가 거부 반응을 일으키면 참지 말고 우회적인 표현으로 거부하면 된다. 그리고 의사가 중요한 정보를 말해주지 않으면 구체적으로 질문해서 답변을 받아내야 한다.

변호사인 강정균 씨는 대학 병원에서 신장암 수술을 받은 후 수술 자리가 덧나 무척 고생했다. 회진 때마다 이유를 물었지만 의사들은 "뱃가죽이 두꺼워서 오래 걸리는 겁니다."라며 시간이 오래 걸리는 원인을 환자의 탓으로만 돌렸다. 강정균 씨는 자신이 변호사이기는 하지만 의사들 손끝에 자기 목숨이 달려 있다는 상황이 두려워, 심정적으로는 '잘못 꿰맨 게 틀림없어.'라고 생각했지만 차마 묻지는 못했다.

강정균 씨는 점차 퇴원이 늦어지자 피부과와 내과의들이 서로 책임을 전가하며 환자인 자기를 방치하는 것 같아 의사들의 만류를 뿌리치고 퇴원했다. 그가 퇴원하려고 하자 의사들은 "앞으로 일어나는 일은 다 당신이 책임지시오."라고 못을 박았다. 그의 아내는 의사들의 이 말에 겁을 냈지만, 그는 퇴원을 불사해 동네 개인 병원 피부과 전문의에게 수술 부위를 다시 꿰맸더니 금세 완치되었다.

병원의 권위를 받아들이는 것은 좋지만, 당신 마음이 거부하면 억지로 받아들일 필요는 없다. 환자인 당신이 병원의 권위에 눌리지 않아야 병원에서도 당신의 권리를 인정해줄 것이다.

54

변호사가 권위적일 때

에헴!

전문가 시대가 되면서 토지 및 부동산, 유가
증권을 둘러싼 이권 다툼, 이민 등 타 국가의
국적 취득, 부당 해고 및 계약 위반 등 변호사의 도움을 필요
로 하는 일들이 많아졌다. 그러나 일반인에게는 법률 용어부
터가 생소하기 때문에, 자신이 변호사를 고용하고도 변호사의
권위에 눌려 질문조차 제대로 하지 못한다.

나는 미국에서 한 변호사의 꼬임에 빠져 영주권 신청을 하
면서 변호사의 권위적인 태도와, 일반인과 다른 문화 때문에
엄청난 갈등에 휩싸인 적이 있다. 그 변호사는 우리에게 영주

권을 내도록 부추기고는, 자기의 의무인 영주권 인터뷰 예행 연습을 시켜주지 않았다. 결국 인터뷰에서 떨어지자 그는 자기 책임이 아니라며 발뺌했다. 그 후 이 문제를 수습하겠다고 약속을 하고도 연락이 없었다. 기다리다 지쳐 진행 상황을 물으려고 전화를 하면 "상담 중입니다."라며 답변을 회피했다. 이메일을 보내도 답장을 주지 않고, 의뢰를 맡을 때와는 전혀 다른 태도를 보였다. 그러더니 얼마 후 많은 피해자들이 낸 소송으로 이민 사기범임이 밝혀져 감옥으로 끌려갔다.

그의 변호사 사무실을 인수받은 미국인 변호사 측에서 손해배상 등을 청구하라는 통보가 와서, 나는 몇 년 전 국내에서 《유학 비자·영주권 어렵지 않다》라는 책을 출판한 또 다른 교민 변호사인 옥 모씨에게 다시 이 사건을 의뢰했다. 그런데 그 변호사 역시 제때 자료를 보내지 않아, 내가 받아야 할 손해배상금이 동명이인의 다른 사람에게 가버리도록 일을 처리했다. 그런데도 그는 내가 사건을 바로잡아달라고 하자 바로잡는 데 필요한 돈을 내라고 우겼다. 그가 나에게 청구한 금액은 그가 낸 책에서 소개한 내용과 크게 달랐다. 그 역시 사건을 의뢰받을 때까지는 직접 전화를 받았지만 계약이 일단 체결되자 질문을 하려고 전화해도 '상담 중'이라며 끊어버렸다. 메시지를 남겨도 소용이 없었다. 교민을 상대로 하는 이민 변호사 중에는 이와 유사한 사람들이 많아, 많은 교민들이 이민 문제로 고통을 겪고 있다고 들었다.

나는 그 변호사들을 도저히 용서할 수 없어 그를 혼내줄 방법을 알아보았다. 그랬더니 미국은 주마다 법정 홈페이지를 통해 변호사의 부당한 처사를 고발하도록 되어 있었다. 나는 그 변호사의 모든 자료를 수집해 그가 속한 캘리포니아 주 법정에 그를 고발해 더 많은 교민들이 피해를 보지 않도록 할 예정이다.

변호사가 전문직이기는 하지만, 당신이 변호사에게 사건을 의뢰하면 당신은 소비자이고 변호사는 판매자가 된다. 소비자에게는 상품을 선택할 권리가 있다. 따라서 당신이 법률 용어를 모르면 변호사에게 쉽게 풀어서 설명하라고 요구해야 한다. 그리고 변호사는 문서와 정확한 문구로 모든 것을 판단하는 사람이기 때문에, 사건을 의뢰하려면 계약서를 꼼꼼하게 읽어보고, 자신이 동의할 수 없는 내용은 고치도록 한 다음 계약서에 도장을 찍어야 한다. 특히 계약서 문구에는 의뢰인에게 불리한 조항이 많기 때문에, 일일이 그 문구를 확인해서 시정 조치를 하도록 한 다음 일을 맡겨야 한다.

또한 변호사가 처음에 계약한 내용 이외의 일이 발생했다며 소송을 하라거나 중재를 하라고 요청해도, 적절하지 않다고 생각되면 추가 의뢰를 할 필요는 없다. 사건이 원만하게 해결되지 않아 시간이 오래 걸리면, 당신은 일의 진행 상황을 물을 권리가 있다. 그런데 변호사는 전화받는 것도 상담에 속하기 때문에 돈을 받는다. 따라서 질문 사항이 있으면 전화 대신 이메일이나 문서로 간단 명료하게 질문해야 한다. 그래야만 정확한 답변을 들을 수 있으며 상담료도 줄일 수 있다.

변호사에게 사건을 의뢰하면 당신이 변호사를 고용했기 때문에, 변호사가 당신의 지시를 받아야 하는 사람이라는 사실을 잊지 말아야 한다.

55

대출 창구 직원에게 수모를 당할 때

　급한 은행 대출 때문에 은행 창구를 방문해본 사람들은 대부분 그곳에서 받은 불쾌감을 잊지 못한다고 말한다. 담보가 부족하고 돈이 급하게 필요할수록 창구 직원의 무시하는 듯한 태도는 '내가 돈만 벌면 이 은행을 다시 찾나봐라.' 하는 오기가 생기게 할 정도로 기분을 상하게 한다.

　우리나라 은행은 아직까지도 개인 신용 등급제가 정착되지 않아, 보증인이나 담보 없이 돈을 빌리려고 하면 은행 직원에게 무시당하기 쉽다. 그러나 살다보면 은행 직원을 붙들고 늘어져서라도 돈을 구하지 않으면 안 될 상황에 처할 수가 있다.

이럴 경우 당신이 아무리 성실하게 살아왔고, 뛰어난 능력을 가진 사람이라고 해도, 대출 창구 직원 눈에는 당신은 단지 담보도 보증인도 없는 귀찮은 대출 신청자에 불과하다. 그 때문에 대출 창구 직원은 "대출 자격이 없군요." "담보가 모자라는데 어떻게 빌려줍니까."라는 말로 간단하게 무시해버리는 것이다. 대출 창구 직원이 돈을 빌리러 온 사람의 심정을 헤아리고, 말이라도 부드럽게 "저도 선생님의 상황을 충분히 이해합니다만 규정이라서요."라고 해주면 돈을 빌려주지 않아도 고마울 텐데, 대부분의 대출 창구 직원은 귀찮은 대출 신청자를 조금이라도 빨리 돌려보내겠다는 자세로 일한다.

연간 3천억 원의 적자를 내던 한국유리초자 주식회사를 인수받아 3년 만에 7천억 원 흑자 회사로 만든 서두칠 사장은 회사가 적자에서 흑자로 돌아선 순간 주거래 은행부터 바꿨다고 한다. 적자 회사를 살려내 저축을 많이 할 테니 융자 좀 해달라고 사정했지만, 이 핑계 저 핑계 대며 대출해주지 않았기 때문이란다.

이처럼 자격 없는 사람들의 대출에 인색한 은행원들도 돈을 빌리려는 당신이 당당하고 자신만만한 태도를 보이면 함부로 대하지 못한다. 사람은 약자에게는 강하고, 강자에게는 약한

속성이 있어 당신이 "내가 대출을 받는 것은 이 은행에 돈을 벌어주는 것"이라는 배짱 있는 태도로 나가면 오히려 함부로 대하지 못한다. 미국에서도 다 망한 회사를 은행 신용 대출로 살려낸 기업가들은 대부분 빈털터리가 되었을 때 전 재산을 털어 가장 비싸고 멋진 옷과 액세서리로 치장하고 은행에 갔더니 쉽게 대출해주더라고 말한다.

은행 대출 창구 직원들은 빌려준 돈으로 돈을 많이 불리면 실적이 높아지고, 돈을 떼이면 물어내야 한다. 따라서 은행원들은 "저 사람은 원래 부자지만 지금 현재 돈이 부족해서 빌리러 왔을 뿐이다."라는 느낌이 들지 않는 한, 담보 없이 돈을 빌려줄 수 없다고 믿을 것이다. 당신이 은행 대출 창구 직원에게 모욕을 당하지 않고 돈을 빌리려면, 대출 상담 중에도 자신의 어려운 형편을 너무 솔직하게 다 알리지 말고, 당당하게 "나는 연매출 ○○를 올리는 사장인데 약간의 자금이 필요합니다."라고만 말하는 것이 좋다. 그렇게 말해도 대출 창구 직원이 "담보가 부족합니다."라고 말하면 주눅 들지 말고, "담보가 충분하면 누구나 다 돈을 빌려주지요. 이럴 때 빌려주는 은행만이 내 주거래 은행이 될 자격이 있지요."라고 더 배짱 있게 말해야 대출 창구 직원이 당신을 얕보지 못할 것이다.

56

화를 내고 싶은데 눈물부터 앞설 때

남에게 억울한 일을 많이 당하면 벼르다가 한마디 해주고 싶을 것이다. 그러나 막상 말을 꺼낼라치면 목소리가 떨리고 눈물부터 앞선다. 결국 제대로 말도 하지 못하고 약한 모습만 보여 속만 상한다. "나는 왜 이 모양일까?" 하며 자책하지만 고쳐지지 않는다. 그럴 때마다 약한 모습을 들키지 않으려고 일부러 엉뚱한 데를 바라보면서 눈을 깜빡여보지만, 당신이 억지로 눈물을 감추어도 상대방은 이미 눈물을 보았기 때문에 당신의 약한 모습은 이미 파악된 상태다.

말하기 어려운 말을 해야 하는데 말이 잘 안 나오고 눈물이 앞서면 억지로 눈물을 감추려고 애쓸 필요가 없다. 떨리는 목소리로 말하려고 애쓸 필요도 없다. 항의를 해야 하거나 듣기 싫은 말에 반박해야 할 때, 말 대신 눈물이 앞서면 그냥 자연스럽게 눈물만 보여주면 된다. 말 대신 눈물이 앞서는데 억지로 눈물을 감추고 말을 하려고 하면, 마음 약한 자기 자신에게 짜증이 나고 그러한 상황을 만든 상대방에게도 화가 나 원하는 말을 제대로 하지 못하게 된다.

말이란 속마음을 전하기 위해 하는 것인데, 말뿐만 아니라 표정과 제스처, 태도 등으로 더 많이 전할 수 있어 말없이 눈물만 보여주는 것으로도 얼마든지 상대방에게 당신의 속마음을 강하게 전할 수 있다. 만약 당신이 말할 자신이 없어 조용히 눈물만 보여도 상대방도, "내가 혹시 무엇을 잘못했는가?" 싶어 당신이 하고자 하는 말보다 더 강한 의미를 찾으려고 노력할 것이다.

그러므로 마음이 약해서 목소리가 떨리고 눈물부터 앞서는 것을 염려하지 마라. 말없이 눈물만 보이고 돌아서면 상대방은 가장 강한 반박으로 받아들일 것이다.

57
잘못을 추궁당할 때

깜빡 잊고 상사에게 중요한 전화 메시지를 전하지 못했거나, 잠시 한눈을 팔다가 앞차를 가볍게 추돌했거나, 남이 맡겨둔 중요한 물건을 어디에 두었는지 몰라 제때 찾지 못하거나, 약속을 까맣게 잊어 연인을 바람 맞히는 등등 사람은 크고 작은 실수를 되풀이하며 산다. 이럴 때 백배사죄하면 대부분 용서를 해준다.

그러나 성격이 강한 사람은 사과를 받아주지 않고 잘못을 너무 심하게 추궁하는 경우도 있다. 그럴 때는 "너무하는 거 아냐? 사과했는데……."라고 항의하고 싶을 것이다. 그러나 그런 대응에 상대방 역시 지지 않고 "적반하장도 유분수지. 잘 못을 저지르고도 소리를 질러?" 하고 대응하게 만들면 상대를 이길 수 없게 된다. 따라서 상대방이 당신의 잘못을 심하게 추궁하면 화가 나도 입을 다무는 것이 이기는 방법이다. 누구나 실컷 화풀이를 하고 나면, 곧 제풀에 무너지게 되어 있다. 그가 실컷 화를 낸 후 당신 생각을 말해도 늦지 않다.

한번은 여의도 집에서 강남에 있는 회사로 출근하기 위해 강변도로로 나가다가 우회전하는 중에 앞차의 뒤 범퍼와 가볍게 부딪친 적이 있다. 놀란 정신을 수습하고 나니 앞차 뒤 유리창에 '아기가 타고 있어요' 라는 커다란 글자가 붙어 있었다. 나는 아기가 걱정되어서 차 밖으로 달려 나갔고, 앞차 운전자는 화가 나서 뛰쳐나왔다.

그는 나와 마주치자 눈을 굴리며 "눈은 어디다 두고 다녀요! 아기가 타고 있다고 붙인 거 안 보여요!" 하며 소리를 질렀다. 나는 그가 너무 심하다고 생각했지만, 무조건 "미안합니다."라고 말했다. 그는 "그런데도 차를 부딪쳐요?" 하며 마치내가 아기가 탄 차를 일부러 골라서 부딪치기라고 한 것처럼 말했다. 나는 "아기가 있는 걸 알고 일부러 차를 부딪치는 사람이 어디 있겠어요. 제가 잠시 방심해서 그런 겁니다. 정말 미안합니다."라고 백배사죄를 하면서 명함을 주고 아기에게 이상이 있으면 연락하라고 말했지만 그는 여전히 소리를 질러댔다. 아기는 차의 충격 때문이 아니라 자기 아빠의 고함 소리에 놀라 더욱 크게 울어댔다.

나는 그의 추궁이 너무 심해 하마터면 "일부러 그런 것도 아닌데 너무하잖아요!"라고 항의하고 싶었다. 그러나 나는 그가 실컷 화를 내도록 내버려두고 "아기에게 이상이 있으면 연락하세요."라고 말하며 그의 화가 가라앉을 때까지 기다려 사태를 쉽게 수습했다.

잘못을 지나치게 심하게 추궁하는 사람은 제풀에 화가 풀릴 때까지 자극하지 않고 가만히 두어야 이길 수 있다.

그러나 모욕을 주거나 자존심을 짓밟는데도 지나치게 굽신거릴 필요는 없다. 실수의 대가로 과다한 금품을 요구하거나 지나치게 자존심을 짓밟으면 "당신이 알아서 권리를 찾아가라."고 단호하게 말해 부당한 요구까지는 받아들이지 않겠다는 의도를 분명히 알려야 한다.

58

잘못된 상품을 바꾸어주지 않을 때

　세탁소에 맡긴 옷이 엉망이 되어버렸거나, 방문 판매하는 친척의 권유에 못 이겨 산 건강식품이 몸에 맞지 않거나, 세일 즈맨의 권유에 못 이겨 비싼 물건을 샀는데 돌아와 생각해보니 경제적으로 부담스럽거나, 좋은 상품인 줄 알았더니 작동이 잘 안 되는 불량품이었다면 물건을 바꾸거나 환불받고 싶을 것이다.

　그러나 이런 문제는 아무리 화가 나도 즉흥적으로 대응하지 말고, 사전 준비를 철저히 해야 분쟁을 일으키지 않는다. 그리고 이럴 때 판매원과 사사롭게 시비를 벌이면 문제는 해결되지 않고 스트레스만 쌓인다. 판매원에게는 환불이나 애프터서비스를 결정할 권한이 없다. 그러므로 애꿎은 판매원만 붙들고 늘어지지 말고 매니저를 불러 문제를 해결해야 한다. 이때도 상대방에게 "왜 이 따위 물건을 팔아?" 하며 흥분해서 말하면, 상대방도 감정적으로 나오므로 문제가 해결되지 않는다. 설사 문제가 해결된다고 해도 그동안의 감정 소모는 절대로 되돌려받지 못할 것이다.

그러므로 권한을 가진 매니저를 찾아 직접 짧고 간결하게 "환불해주십시오." 또는 "교환해주시지요."라고 말하는 것이 좋다. 이때 "광고가 그럴듯해서 샀더니 엉터리군!" 등의 여러 가지 말을 늘어놓으면 당신의 단호함이 전달되지 않아 무시할 수 있다.

만약 판매원이 잘 아는 사람이거나 영세한 사람이라면, 오히려 당신에게 인간적으로 호소해서 당신이 그 물건을 그냥 사용하도록 권할 것이다. 이때도 인정에 끌려 상대방의 말을 받아들이지 말고, 분명하게 다른 물건으로 교환해달라는 등의 의사 표시를 해야 한다. 그리고 환불 문제가 생기면 우르르 쫓아가 무조건 따지지 말고, 사전에 관련 법규를 조사해두었다가 법 조항을 들어 환불이나 교환을 요구하면 보다 쉽게 문제

를 해결할 수 있다.

　박민서 씨는 자녀의 성적이 초등학교 4학년 때 결정된다는 말에 자극을 받았다. 그래서 초등학교 4학년인 딸의 성적 향상을 위해 여기저기 수소문한 끝에, 동료로부터 한 인터넷 방문 교육 회사의 영업 사원을 소개받았다. 그 영업 사원은 담당 교사가 매일 인터넷으로 학생의 학습 내용을 검토하고, 화상으로 직접 강의를 한다고 말했다. 박민서 씨는 여러 가지 조건이 마음에 들어 연간 계약을 했다.

　그러나 그의 딸은 인터넷 교육에 그다지 흥미를 느끼지 못해 몇 번 접속해보더니 그만두겠다고 했다. 그는 딸에게 계속할 것을 권유해보았지만 소용이 없었다. 박민서 씨는 할 수 없이 인터넷 교육 회사에 전화를 해 그날 이후부터 적용되는 대금 중 일부를 환불해달라고 했다. 그러자 인터넷 교육 회사 측은 계약자의 잘못으로 계약을 해지하는 것이기 때문에 환불해줄 수 없다고 딱 잘라 거절했다. 박민서 씨는 억울했지만 계약자인 자신의 잘못이라는 말에 환불을 포기하려고 했다.

　그러나 방문 판매 등에 관한 법률에 따라 실제 공급된 상품이나 서비스 등의 대가를 초과해서 받을 수 없게 되어 있어서, 해지일까지 이용한 날짜에 해당하는 금액과 총 이용 금액의

10퍼센트만 공제하고 나머지는 돌려받을 수 있다. 박민서 씨의 경우 소비자 보호법에 관심을 가졌다면 상당한 금액을 환불받을 수 있었을 것이다.

당신이 만약 강요에 못 이겨 30회 또는 50회에 해당하는 피부 관리 프로그램을 계약한 후에도 그만 다니고 싶으면, 고민하지 말고 10퍼센트의 위약금만 물고 사용하지 않은 횟수에 해당하는 금액을 돌려받을 수 있다.

그러므로 잘못된 상품을 바꾸어주지 않으면 스트레스받지 말고, 물건을 구입한 곳의 책임자를 만나 환불이나 교환의 정당한 사유를 밝히는 것이 좋다. 그렇게 했는데도 상대방이 성의 없이 답변하거나 교환 등을 받아들이지 않으면 소비자 보호원 같은 기관에 중재를 의뢰하면 된다. 요즘에는 인터넷으로도 접수를 받기 때문에, 직접 찾아가지 않아도 얼마든지 이 문제를 유쾌하게 해결할 수 있다.

59

판매원의 소비 유혹을 받았을 때

    더 많은 기능을 가진 컴퓨터, 휴대전화, 자동차, 유행을 선도하는 의상, 액세서리, 주부들의 일손을 덜어주는 주방 기구, 늙지 않게 해준다는 건강식품 및 기구들, 자식들의 머리를 좋게 만들어준다는 놀이기구와 책자 등 소비자를 유혹하는 물건들이 대량으로 쏟아져 나오는 시대다. 생산 경쟁이 치열해지자 소비를 부추기는 방법도 다양해, 마케팅 전략에 넘어가 분수에 맞지 않는 소비로 과다한 카드 빚을 진 신용불량자들 문제가 심각해질 정도다.

    판매원들의 유혹에 빠지지 않으려면 사전에 철저한 소비 지

출 계획을 세워야 한다. 나 역시 판매원의 유혹에 약해, 예고 없는 지출을 한 후 고생한 적이 많다. 화장품을 10만 원 이상 구입하면 여행용 가방을 하나 더 준다는 말에 넘어가 필요하지도 않은 화장품을 사느라고 불필요한 지출을 하거나, 10개월 할부 판매한다는 홈쇼핑의 유혹에 넘어가 무리한 지출을 하고 후회하기도 했다.

판매원들의 소비 유혹을 이기려면 반드시 자신의 수입과 지출을 기록해야 한다. 나 역시 수입을 초과하는 지출로 고생한 후부터 엑셀 프로그램을 이용해 매일 수입과 지출을 기록했는데, 매일의 지출 내역을 눈으로 보게 돼 과다 지출을 줄일 수 있었다. 수입, 지출 기록 후부터는 아무리 좋은 가방을 덤으로 준다고 해도 거절하고, 필요한 화장품만 살 수 있는 요령이 생겼다.

예산을 세우고 소비 지출을 통제하면, 아무리 유려한 광고와 덤으로 주는 상품의 유혹이 강해도 뿌리칠 수 있을 것이다.

3장

자기 자신을 이기는 법

60
쓸데없이 주눅이 들 때

교육이란 알지 못하는 바를 알도록 가르치는 것을 의미하는
것이 아니라, 사람들이 행동하지 않을 때 행동하도록 가르치는
것을 의미한다.

— 마크 트웨인

당신이 얼마든지 당당해질 수 있는 자리에서도
쓸데없이 주눅이 드는 것은, 제대로 말하고 듣
는 교육을 받지 못했기 때문이다. 따라서 당신은 직장의 고위
직 상사, 바이어 등 윗사람에게 말하는 것이 자신 없다고 해서

자책할 필요가 없다. 제대로 된 말하기 교육을 받지 못한 사람들은 누구나 당신과 같은 처지에 놓여 있다.

말하기에 주눅이 들면 쓸데없이 "제 생각이 중요한 것은 아니지만……." "저 같은 사람의 생각을 알고 싶지는 않으시겠지만……."과 같은 나약한 말로 말문을 열어 더욱 우습게 보일수 있다. "그건 굉장히 어려운데요." "그 모임에 갈 수 없다는것에 대해 대단히 미안하게 생각합니다." 등의 부정적인 말로부정적인 이미지를 만들 수도 있다.

그러므로 지금부터라도 상대방의 직위가 아무리 높아도 "심려를 끼쳐드려 죄송합니다만……."과 같은 불필요한 수식어를 생략하고, 본론만 추려서 말하는 습관을 길러보자. 말의내용에 자신이 없으면 내용을 적어서 충분히 읽으며 연습해보라. 놀랍게 달라진 당신 모습을 보게 될 것이다. 자신을 향상시키는 데 교육만큼 유용한 것은 없다.

61

화를 참을 수 없을 때

자기 분노의 물결을 막으려고 노력하지 않는 자는 고삐도 없이 야생마를 타는 셈이다.

— L. 시버

사람은 조그만 자극도 견디지 못해 화를 낸다. 그런데 화는 마음의 평정을 잃게 해, 정상적인 일도 비정상적으로 만들어버린다. 화가 나면 생각한 대로 말이 나오지 않고, 목소리와 가슴도 떨려 엉뚱한 말을 할 수 있다. 그리고 자기가 남에게 준 자극보다 더 큰 화가 돌아오는 것을 참지 못해 결국 화는 화를 부

른다.

화를 참지 못하면 마음이 약한 당신이 먼저 지쳐 굴복하게 될 것이다. 화가 나면 화가 난 원인에 집착하지 말고, 우선 마음속으로 하나 둘 셋 하며 숫자를 세어라. 열을 세고 난 후에 대응하면 정상적인 대응이 가능할 것이다.

그러나 화가 나자마자 입을 열면 원하는 말도 제대로 하지 못하면서 상대방 가슴에 비수만 꽂게 되고, 그 비수는 곧 내 가슴으로 돌아와 박힌다.

화가 날 때 마음속으로 숫자를 셀 수 있는 사람은, 어떤 어려운 상황도 슬기롭게 헤쳐 나갈 수 있을 것이다.

62

결심이 지켜지지 않을 때

습관이란 인간으로 하여금 어떤 일이든지 하게 만든다.

— 도스토예프스키

부자가 되는 것도, 사회 생활에 성공하는 것
도, 리더가 되는 것도 작은 습관의 차이에서
온다. 그러나 한번 굳어진 나쁜 습관은 쉽게 고쳐지지 않고,
새로운 습관을 들이기도 어렵다. 이번 주부터는 "한 달에 두
권 이상 책을 읽겠다." "하루에 30분 이상 운동을 하겠다."
"외국어 공부를 다시 시작하겠다." "체중을 줄이겠다." "일주

일에 두 번 이상 술을 안 마시겠다." 등 매일같이 새로운 결심을 하고도 며칠만 지나면 흐지부지되는 것도 그 때문이다.

결심을 지켜 성공 습관을 굳히려면 혼자서 몰래 결심하지 말고 그 결심을 널리 알려라. 당신이 자신의 결심을 남들에게 말하는 순간 주변 사람들은 당신이 결심을 지키는지를 주목할 것이며, 당신 자신도 남의 눈을 의식해 더 열심히 지키려고 노력할 것이다.

그리고 결심을 하면 그 내용을 글로 적어 벽에 붙여두어라. 가능하다면 매일 제대로 실천했는지 체크할 수 있는 표를 만들어 일일이 체크하면, 당신 마음이 그 결심에서 떠날 겨를을 주지 않아 실천할 수밖에 없게 될 것이다.

63
남의 사소한 잘못도 용서할 수 없을 때

나는 내 실망은 견딜 수 있어도 남의 희망은 참을 수 없다.

— W. 월시

당신이 남의 사소한 잘못도 용서할 수 없다면, 당신은 질투심이 많은 사람이다. 남에게 지고는 못 살겠다는 욕심쟁이여서 지금까지는 성공 가도를 달려왔는지도 모른다. 그러나 당신이 지지 않으려고 달려오며 남의 사소한 잘못도 용서하지 않는 동안, 타인에게는 무수히 많은 상처를 입혔을 것이다. 그들도 당신만큼 지는 것을 좋아하지 않기 때문에, 당신에 대한 원한에 사무칠 것이다. 그리고 그것을 아는 당신 역시 사회적 성공이 진정한 마음의 위안이 되지 못할 것이다.

따라서 마음의 갈등을 치유하려면, 오늘부터라도 남의 사소한 잘못은 눈감는 연습을 해보자. 그 연습은 하루 한 번씩 상대방의 장점을 찾아 말로 건네는 것으로 충분하다. 그렇게 하면 당신에게는 자기도 모르는 사이에 타인의 장점을 보는 눈이 만들어질 것이다.

67

64

일이 손에 잡히지 않을 때

우리의 인생은 우리가 노력한 만큼 가치가 있다.

— 모리악

일에 파묻혀 살다보면 갑자기 아무것도 하기 싫어질 때
가 있다. 그럴 때 마음이 시키는 대로 게으름을 부리기
시작하면 더 맥이 빠진다. 인생은 끊어지지 않는 마라톤이어
서, 당신이 일손을 잡지 못하고 방황하는 동안 수많은 경쟁자
들이 당신을 추월해버릴 것이다. 추월당하면 점차 의욕을 상
실하고, 마침내 포기하는 낙오자가 되기 쉽다.

화려한 성공을 거둔 사람들도 알고 보면 눈물겨운 고난의 시기를 이겨낸 경험을 가지고 있다. 최선을 다해 살지 않으면 누구도 성공을 이룰 수 없다. 그러므로 일이 손에 잡히지 않는다고 실망하지 말고, 자신을 격려하고 일으켜야 한다. 사람의 말에는 주술성이 있어, 일이 손에 잡히지 않아도 "지금 이 일을 해내야 해."라고 주문을 외우듯 여러 차례 중얼거리면 일이 손에 잡힌다.

　　괴로운 일이 있거나 기운 빠지는 일이 있을 때 자신에게 용기를 북돋우는 말을 반복하면, 자신도 모르는 사이에 당신의 몸은 당신 말대로 움직이고 있을 것이다.

65

질문이 부담스러울 때

강요당하고는 절대로 말하지 마라. 그리고 지킬 수 없는 것은
말하지 마라.

— J. R. 로우얼

 사람은 누구나 뜻밖의 질문을 받으면 당황한다.

사람들이 질문받기를 두려워하는 이유는, 질문
을 받으면 무조건 다 답변해야 한다고 믿기 때문이다. 그러나
우리는 모든 질문에 답변할 의무는 없다. 답변 대신 "그것 참
재미있는 질문이군요." "정말 좋은 질문입니다."라는 말만 해

쥐도 된다. 그리고 모르는 것을 묻는 사람에게는 "잘 모르겠습니다."라고 솔직하게 말해도 된다. 심각한 질문도 신중한 표정으로 받아들인 후 "잘 모릅니다."라고 말하면 된다.

만약 질문 내용에 반론이 필요하면 "대단히 중요한 점을 파악하셨습니다. 그러나……"로 말을 시작하면 질문자의 반감을 줄이면서 원하는 반론을 펼 수 있다.

그러나 대답하기 어려운 질문에 유머로 답하겠다는 생각에 질문자를 웃음거리로 만들면 안 된다. 당신이 웃자고 한 말에 누군가는 상처를 받기 때문이다. 대답하기 싫으면 강제로 답할 필요가 없으며, 지킬 수 없는 약속은 더욱더 할 필요가 없다.

66

나 자신이 겁쟁이 같을 때

우리가 두려워하는 공포는 종종 허깨비지만, 그럼에도 불구하고 실제 고통을 초래한다.

— 실러

코끼리처럼 큰 덩치와 사자처럼 사나운 성격을 가진 사람도 발표를 하라고 하면 사슴처럼 겁쟁이가 된다. 그들 역시 겁을 먹고 고통을 겪는다.

사람이 겁을 내는 이유는 충분한 준비 없이 문제에 맞닥뜨리기 때문이다. 전쟁터에 나가는 병사들도 적을 모르면 겁을

먹지만, 적을 알고 나가면 용맹스러워진다.

　　나 자신이 겁쟁이같이 느껴지면 발만 동동 구를 것이 아니라 '사전 준비는 잘 되었는가?'를 살펴보아야 할 것이다. 준비가 충분하면 어떤 일에도 겁을 먹지 않게 될 것이다.

67

하고 싶은 말을 제때
못하는 자신이 싫을 때

정직한 사람은 모욕을 주는 결과가 되더라도 진실을 말하며,
잘난 체하는 자는 모욕을 주기 위해서 진실을 말한다.

— W. 헤즐리트

하고 싶은 말을 자신 있게 말하지 못하는 것은 진실을
말할 용기가 없기 때문이다. 만약 직장 상사가 여러
직원들 앞에서 당신에게 "어때 잘 돼가요?"라고 물을 때 당신
은 "뭐, 그런 대로……."라고 우물쭈물 말했다면 당신은 자기
생각에 정직하지 못한 것이다. 당신은 용기가 없는 사람이 아

니라 자신의 감정을 숨기는 솔직하지 못한 사람이다. 당신이 정직한 사람이라면 남들이 칭찬할 때 "그렇지 않은데요."라고 말하고는 돌아서서 "나는 왜 이렇게 바보 같을까……." 하며 자신을 비난하는 일은 하지 않을 것이다.

당신이 자기 생각에 솔직한 사람이라면, 상사가 "실적 높이 느라고 애썼어요."라고 칭찬할 때 "글쎄요, 좀더 잘할 수 있었는데 다음부터는 더 잘하겠습니다."라며 한 발 뒤로 빼지 않고 "감사합니다!"라고 당당하게 말할 수 있을 것이다.

당신 자신이 하고 싶은 말을 제때 못해 바보처럼 느껴지면, 이제부터라도 자기 생각에 솔직해지자.

68

거짓말로 위기를 모면하고 싶을 때

하나의 거짓을 관철하기 위해서 우리는 또 다른 거짓말을 발
견해야 한다.

— 스위프트

위기가 닥치면 사람은 누구나 한시라도 빨리 위기를 모면하
고 싶은 욕망에 빠진다. 그러나 위기는 한 번으로 그치는 것이
아니라, 하나의 위기는 다음 위기의 원인이 되는 연속성을 가
지고 있다. 그래서 한 번의 위기를 모면하려고 거짓말을 하면,
다음 위기가 다가오면 더 큰 거짓말을 해야 한다.

따라서 당장 죽을 것 같은 위기가 닥쳐와도 거짓말로 위기를 모면해서는 안 된다. 그럴 용기가 없으면 위기 상황을 압박하는 상대방의 말에 일일이 대꾸하지 말고, 입을 다물어야 한다. 말은 서로 통해야 완성되는 것이기 때문에, 입을 다물고 혼자 말하게 두면 그는 곧 지쳐서 압박을 늦추게 될 것이다.

위기는 무조건 당장 모면해야 한다는 생각을 버리면, 거짓말로 즉각 모면하려고 애쓰지 않아도 될 것이다.

4장

항상 이길 수 있는
힘을 기르는 법칙 12

법칙_첫 번째 상대방의 눈을 똑바로 바라보라

힘센 짐승일수록 눈빛이 강렬하다. 상대방을 쏘아보며 당당하게 기선을 제압한다. 강한 눈빛은 상대방의 기를 꺾는 강한 마력을 갖는다.

정당한 주장을 펴거나, 상대방이 내 의견에 따라 결정을 내리도록 하거나, 내 의견에 반기를 들지 못하게 하려면 상대방의 눈을 똑바로 바라보며 말하라. 상대방은 한 수 꺾고 나올 것이다.

법칙_두 번째 힘있게 말하라

힘있게 말하려면 크고 밝은 목소리로 말해야 한다. 목소리가 기어들거나 혹은 너무 크거나 발음이 분명하지 않으면 의사가 제대로 전달되지 않아 얕보일 수 있다.

지도자들의 목소리를 들어보면 목소리만으

로도 카리스마가 넘치는 것을 느낄 수 있을 것이다. 크고 또렷한 목소리로 말하면 말에 힘이 실려 상대방이 감히 덤벼들지 못한다. 힘있게 말하면 여자를 남자라고 우겨도 결코 지지 않을 것이다.

법칙_세 번째 군더더기 말을 없애라

"음, 죄송합니다만……." "미안하지만……."과 같은 군더더기 말은 자신감이 결여된 사람이라는 이미지를 심는다. 가장 간단한 문장으로, 가장 적은 단어를 사용해 말할수록 상대방을 제압하기 쉽다. 용맹스러운 장군일수록 단답형으로 간단하게 말하지 않는가. 중요하고 해결이 어려운 일에 직면할수록 짧고 간략하게 말해야 권위가 산다.

법칙_네 번째 허리를 꼿꼿이 펴라

자신이 차지하는 공간은 자신의 힘과 비례한다. 직위가 높을수록 큰 의자를 사용하고, 큰 집에 살며, 큰 차를 타는 것도 그 때문이다.

허리를 꼿꼿이 펴면 자신의 신체가 차지할 수 있는 공간을 최대한 넓히게 된다. 신체가 최대한의 공간을 차지하면, 감히 덤벼들 수 없는 위엄이 갖춰진다. 그 위엄은 상대방이 웬만한 일에는 엉겨붙지 않는 권위를 부여한다. 언제든지 이기고 싶으면 허리를 꼿꼿이 세우고 말하라.

법칙_다섯 번째 함부로 웃지 마라

누구에게나 친절을 베풀어야 하는 서비스직 종사자일지라도 강한 주장을 펴려면 함부로 웃으면 안 된다. 친절해야 한다는 생각 때문에 중요한 순간에 웃어주면 약점 잡히기 쉽다. 강한 주장을 펴 상대방을 이기려면, 석고처럼 표정 없는 얼굴을 보여줄수록 유리해진다.

법칙_여섯번째 변명을 삼가라

변명은 공격하는 자의 태도가 아니라 방어하는 자의 태도다. 그래서 변명은 자신을 약화시키고 상대방의 기세를 강하게 한다. 따라서 상대방에게 잘못을 빌어야 할지라도 사건의 경위를 설명하지 말고 간단하게 "미안합니다. 앞으로 시정하겠습니다."라고만 말해야 우습게 보이지 않는다. 사건의 경위를 설명하고 해명하다보면, 약자의 위치에 서게 돼 무시당할 가능성이 높아진다.

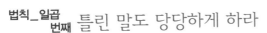

법칙_일곱번째 틀린 말도 당당하게 하라

같은 말도 주저주저하면서 말하면 얕보여 상대방의 공격 수위를 높이게 된다. 일단 주장을 펴기로 작정한 일은, 스스로 생각해도 객관성이 없고 틀렸을지라도 당당하고 자신 있게 말하라. 아무리 옳은 말도 주저하거나 자신 없는 태도로 말하면 의심을 받으며, 다소 결함이 있

는 말도 흔들림 없이 당당하게 말하면 오히려 상대방의 믿음
을 흔들어버릴 수 있다.

법칙_여덟번째 힘있는 사람 옆에 서라

내게 힘이 없더라도 내 뒤에 힘있는 자가 숨
어 있다고 느끼면 함부로 덤비지 않는 게 인간
속성이다. 모임에 가면 모임의 리더 옆에 서
고, 회사 안에서도 가장 힘있는 사람 옆에 자신
을 세워라. 당신이 그들과 특별한 친분을 갖고
있지 않을지라도, 그 사실을 알 수 없는 남들은 당신을 그들과
동격으로 볼 것이다.

인간은 어차피 혼자서는 살 수 없는 존재다. 힘이 없으면 힘
센 자의 힘을 빌려 쓰면 된다. 그러므로 힘있는 자 옆에 서는
것을 주저할 필요가 없다.

번째 중요한 것은 문서로 말하라

　　말은 공기를 타고 흩어져버리면 그만이지만, 문서는 언제든
지 다시 꺼내 볼 수 있어서 말보다 더 큰 위력을 가질 때가 있
다. 중요한 약속이나 정보는 말로 주고받지 말고 항상 문서로
받아두어라. 시비가 엇갈리면 문서만이 당신을 보호해줄 것이
다. 계약서는 반드시 끝까지 읽어보고,
동의하지 않으면 내용을 바꿔달라고
요구한 다음 도장 찍는 것을 생활화하
라. 그렇지 않으면 언제 어떤 올가
미가 조여질지 모른다.

법칙_열 번째 안 된다는 말을 두려워 마라

　　상대방이 나보다 더 큰 힘을 가졌거나, 지위가 높거나 아니
면 남의 이목이 두려워도 싫은 일을 억지로 하며 불행하게 살
필요는 없다. 상대방이 상사이거나 나보다 힘있는 사람일지라
도 내가 안 된다고 하면 그도 어쩔 수 없다.

　　마음이 약하거나, 밉보이는 것이 두렵거나, 싸우기 싫어서

라는 이유로 자기 능력 밖의 일을 거절하지 않고 들어주면, 점
점 더 어려운 상황으로 내몰릴 가능성이 크
다. 상대방은 당신을 만만하게 여겨
점점 더 어려운 것을 요구할 것이
고, 어쩌다 들어줄 수 없게 되면
지금까지의 공로는 다 잊고 원망
부터 할 것이다.

법칙_열한 번째 거침없이 적과 동침하라

현대 사회의 성공은 '로미오와 줄리엣'의 두 가문처럼 누
군가와 영원히 원수로 지내면 거둘 수 없다. 인간관계가 복잡
한 현대 사회에서는 오늘의 적이 내일의 동지가 된다. 따라서
당신이 적과 동지를 확실하게 구분하면, 당신의 인간관계에는
구멍이 뚫리게 될 것이다.

언젠가 당신에게 섭섭한 말을 했던 사람, 당신에게 손해를
입혔던 사람도 당신이 아무 일도 없었던 것처럼 손을 내밀면
예전의 잘못을 무마하기 위해서라도 더 열심히 당신을 도울

것이다. 따라서 직장에서 당신 일을 방
해하는 사람, 사회에서 당신을 모함
하는 적에게 적대감을 드러내지 말
고, 오히려 언제든지 동침할 수 있는
자세로 대하면 당신은 언제 어디서나
승리할 수 있을 것이다.

할 말은 하고 살아라

　　당신이 만약 억울하거나 분하거나 속이 상한 일을 당해도
참고 사는 것이 미덕이라고 여기며 살면, 당신은 항상 지고 살
면서 억울해해야 한다. 그러므로 당신은 상대방이 누구이건
당신에게 부당한 대접을 하거나 이유 없이 화를 내면, 참지 말
고 당신의 생각을 말해야 한다. 당신이 속으로 참으며 화를 삭
이면, 상대방은 당신 생각을 알 수 없어 오해를 하게 된다. 게
다가 당신은 마음속에 원한이 쌓여 상대방을 곱게 대할 수 없
을 것이며, 더 많은 고통을 겪게 될 것이다.

　　따라서 할 말은 하고 사는 것이 낫다. 그러나 할 말을 한다고 해서 감정마저 풀어놓으라는 이야기는 아니다. 하고 싶은 말을 하되 감정은 절제하고, 건조하게 그리고 짧고 간단하게 또한 정확하게 말해야 한다. 그래야만 당신 말에 또 다른 오해가 붙어 문제가 복잡해지는 일을 방지할 수 있고, 상대방에게 당신 생각이 제대로 전달돼 이길 수 있을 것이다.

관계를 깨뜨리지 않고

유쾌하게 이기는 법
68

초판 1쇄 발행 2005년 5월 23일
초판 26쇄 발행 2011년 5월 16일

지은이 | 이정숙
펴낸이 | 한 순 이희섭
펴낸곳 | 나무생각
편집 | 이은주
디자인 | 이은아
마케팅 | 김종문 이재석

출판등록 | 1998년 4월 14일 제13-529호

주소 | 서울특별시 마포구 서교동 475-39 1F
전화 | 02)334-3339, 3308, 3361
팩스 | 02)334-3318
이메일 | tree3339@hanmail.net
홈페이지 | www.namubook.co.kr

© 이정숙, 2005

ISBN 89-5937-102-5 03320